¿Qué pasa, argentina?

Janaína Figueiredo

¿Qué pasa, argentina?

História, política, manias e paixões dos nossos hermanos

GLOBOLIVROS

Copyright © 2023 by Editora Globo S.A. para a presente edição
Copyright © 2023 by Janaína Hirst de Figueiredo

Todos os direitos reservados. Nenhuma parte desta edição pode ser utilizada ou reproduzida — em qualquer meio ou forma, seja mecânico ou eletrônico, fotocópia, gravação etc. — nem apropriada ou estocada em sistema de banco de dados sem a expressa autorização da editora.

Texto fixado conforme as regras do Acordo Ortográfico da Língua Portuguesa
(Decreto Legislativo nº 54, de 1995)

Editora responsável: Amanda Orlando
Assistente editorial: Isis Batista
Revisão: Theo Cavalcanti, Carolina Rodrigues e Marcela Isensee
Diagramação: Carolinne de Oliveira
Capa: Renata Zucchini
Imagens de capa: Shutterstock; Wikimedia/
Charly Díaz Azcue/Comunicación Senado;
Wikimedia/Julio Cesar Hernandez Reyes;
Unsplash/Dione Film; Wikimedia/ChimaAddicted;
Wikimedia/Hossein Zohrevand

1ª edição, 2023

CIP-BRASIL. CATALOGAÇÃO NA PUBLICAÇÃO
SINDICATO NACIONAL DOS EDITORES DE LIVROS, RJ

F49q

Figueiredo, Janaína
¿Qué pasa, Argentina? : história, política, manias e paixões dos nossos hermanos / Janaína Figueiredo.— 1ª ed. — Rio de Janeiro: Globo Livros, 2023.
192 p.; 23 cm.

ISBN: 978-65-5987-113-1

1. Argentina - História. 2. Argentina - Condições sociais. 3. Argentina – Aspectos políticos. I. Título.

23-85525

CDD: 982
CDU: 94(82)

Gabriela Faray Ferreira Lopes — Bibliotecária — CRB-7/6643

Direitos exclusivos de edição em língua portuguesa para o Brasil adquiridos por Editora Globo S.A.
Rua Marquês de Pombal, 25 — 20230-240 — Rio de Janeiro — RJ
www.globolivros.com.br

Ao jornalista Newton Carlos, meu pai,
mestre de gerações e minha maior inspiração.

Sumário

Prefácio: O olhar do vizinho 9

Introdução: Argentina, minha segunda casa 13

1. O que deu errado? 23

2. Um pouco de história 43

3. Peronismo, crise e extrema-direita 63

4. Perrengues diários numa realidade surreal 87

5. A paixão nacional pelo divã 107

6. Cinema de qualidade e para exportação 119

7. Maradona, Messi, a religião do futebol e a eterna
   rixa com o Brasil 135

8. Como é viver na Argentina: sufoco para os argentinos,
   luxo para os estrangeiros 153

9. Um país de imigrantes e emigrados: histórias do
   quinto êxodo 171

Agradecimentos 187

Prefácio
O olhar do vizinho

No meu antigo ofício diplomático, as coisas costumavam começar com uma apresentação de credenciais. Cumpro, aqui e agora, o mesmo ritual. Vou procurar explicar por que aceitei fazer este prefácio ao útil, oportuno e necessário livro que Janaína teve a boa ideia de escrever sobre esta Argentina de nós tão próxima e, às vezes, tão difícil de decifrar.

O livro será lançado enquanto a Argentina enfrenta mais uma das crises que, em sua história recente, se repetem com uma quase previsível regularidade. Já vimos o filme algumas vezes: um surto inflacionário agudo, as magras reservas no Banco Central, o apelo emergencial às agências internacionais de crédito, as veementes manifestações populares de insatisfação em Buenos Aires e em algumas províncias, acentuada perda de confiança nos ocupantes do momento da Casa Rosada, extensiva a quase toda a classe política, e amargas reflexões sobre o destino medíocre de um país que tinha tudo para ser, por tantos títulos e merecimentos, uma *success story*. Apenas turistas brasileiros parecem comemorar que a Argentina, além dos atrativos de sempre, se transforme magicamente em um lugar mais barato para compras.

No Brasil, a repercussão desses episódios recorrentes é, também, ampla e previsível, e aqui se expressa, por razões altruístas e também por motivos egoístas, preocupação com o que pode vir a acontecer ao nosso lado e como importa mobilizar a solidariedade devida ao grande vizinho que é no mundo — convém nunca esquecer, o país é o nosso terceiro mais importante parceiro comercial. Simplesmente dito: o que acontece na Argentina não pode ser ignorado ou minimizado por nós, brasileiros.

Conheço bem a Argentina. Por quase sessenta anos, estive, de uma maneira ou de outra, envolvido com ela. Por duas vezes em períodos que, somados, ultrapassam oito anos, vivi e trabalhei em Buenos Aires. Não é pouco, e foram, alguns desses anos, tempos tumultuosos e incertos.

Seria pretensioso reclamar aqui esse meu conhecimento longo e íntimo da Argentina como se essa circunstância me autorizasse a pensar que, por isso, acerto mais do que erro ao falar sobre ela e que esse estreito convívio me qualifica automaticamente para entender melhor suas intenções e seus gestos. Não se trata disso, mas apenas de deixar o registro de uma proximidade e mesmo de uma estreita intimidade com pessoas, lugares e alguns grandes episódios que me ajudam, talvez, a compreender um pouco melhor algumas controvertidas escolhas dos argentinos em décadas recentes.

Continuo a me surpreender com muitas dessas escolhas. Entre elas, a mais persistente tem sido essa fidelidade difusa ao peronismo, que sempre me pareceu um contraditório tecido de objetivos e valores. Qualquer que seja a sua configuração, devo reconhecer que o peronismo, ou justicialismo, é um produto genuína e exclusivamente *porteño* e que, embora tenha fontes de inspiração, sobretudo, europeias e desenhadas lá atrás na década de 1930, encontrou no bordo argentino do rio da Prata o seu *terroir* e nele sobrevive com cepas que vão sempre se alterando, mas guardando uma medida reconhecível de fidelidade ao modelo original.

A Argentina, principalmente depois de uma *belle époque* promissora e brilhante, ofereceu ao mundo — e isso se intensificou depois do fim da Segunda Guerra Mundial — o exemplo de uma entidade política que não só não soube acompanhar a grande expansão de oportunidades e riquezas que esses quase cem anos ofereceram a antigos e novos países, como, em alguma medida, ocupa hoje um espaço menor do que antes era o seu. Janaína Figueiredo não é a primeira e certamente não será a última analista desse curioso processo de redução de esperanças e expectativas. Ela está na boa companhia de dois brilhantes autores que trataram de compreender essa mesma natureza e os fatos que definem a alma e a circunstância argentinas e que explicam esse surpreendente processo de encolhimento. Penso sobretudo em Ortega y Gasset e V. S. Naipaul, talvez os dois observadores estrangeiros que mais obsessivamente tentaram entender o que define e identifica a Argentina de nosso tempo.

Em seu livro, Janaína organiza os fatos respeitando, como se deve, sua sequência cronológica e vai construindo uma narrativa fácil de acompanhar. Vou aproveitar a liberdade que me oferece esta apresentação para me concentrar em alguns momentos cruciais dessa íntima e complexa relação Brasil-Argentina de que ela se ocupa e dos quais fui, em muitas ocasiões, testemunha e protagonista. Saímos, acredito, brasileiros e argentinos razoavelmente bem nessa fotografia. Soubemos não só evitar conflitos armados entre nós como conseguimos ir montando uma trama virtuosa de interesses e objetivos compartilhados que hoje ajudam a definir a natureza de nossa relação. Passamos de uma indesejável rivalidade para uma imperfeita, mas promissora, sociedade.

Os riscos potenciais de desentendimentos estão sempre lá. Soubemos resolver bem a complexa questão do aproveitamento dos recursos hídricos da Bacia do Prata. Itaipu está em pleno funcionamento e águas abaixo também está operando a usina hidrelétrica de Corpus. Em todo aquele vasto e fluido universo da Bacia do Prata, navegamos e negociamos bem. Não temos problemas de fronteiras e não nos ameaçamos. Soubemos superar programas pouco transparentes de aproveitamento nuclear que poderiam ter criado sérias desconfianças entre nós. Criamos na Abacc (a sigla em inglês pela qual é conhecida a Agência Brasileiro-Argentina de Contabilidade e Controle de Materiais Nucleares) um instrumento extraordinário binacional — e até inédito — de contabilidade e controle de material nuclear. O Brasil cuidou bem dos interesses argentinos na Grã-Bretanha depois da Guerra das Malvinas. Aquele desastrado episódio nos aproximou ainda mais. O Mercosul está aí e funciona não tão bem quanto esperávamos ao criá-lo, mas avançou por outros caminhos ajudando a reforçar os valores democráticos dos seus associados e permitindo que, pouco a pouco, uma trama complexa de interesses compartilhados se fortalecesse. Somamos nossas vozes e interesses no G20. E nós nos aproximamos, quase ao mesmo tempo, da Organização para a Cooperação e Desenvolvimento Econômico (OCDE).

Estava em Buenos Aires nos dias traumáticos do regresso de Perón quando a minha tão conhecida estrada para o aeroporto de Ezeiza se transformou em um improvável campo de enfrentamento entre facções ferozes que reclamavam a legitimidade exclusiva do apoio do general. Tive o pesar de ver o fim antecipado do promissor governo Frondizi e a interrupção dos mandatos de Illia e Alfonsín. Admirava os dois. Aproveitamos bem o longo ciclo da presidência de Carlos Menem, e comemoro que nossos governantes tenham o hábito saudável de se dar bem. É uma tradição que não se deve interromper.

Sou do Rio de Janeiro e trafego quase todos os dias pela praça Sáenz Peña e pelas avenidas Bartolomeu Mitre e General Justo, sem mencionar a rua Buenos Aires, que fica no centro da cidade. E já ia me esquecendo da avenida General San Martin, o que seria imperdoável, mas nem mencionarei várias ruas de nome "Argentina" espalhadas pelo Grande Rio.

Temos uma nova geração de desafios pela frente. Nossas riquezas naturais talvez nos valham menos em um mundo de alta tecnologia e inteligência artificial. Vamos ter de mobilizar nossos talentos e nossa experiência para enfrentar novos desafios. Janaína Figueiredo, com seu livro, ajuda a definir a nossa trajetória paralela nas últimas décadas e mostra o terreno de nossa indispensável e crescente colaboração. Vamos cada vez mais precisar um do outro e, também, precisamos nos conhecer cada vez melhor.

MARCOS AZAMBUJA é diplomata e foi embaixador
do Brasil na Argentina entre 1992 e 1997.

Introdução
Argentina, minha segunda casa

A Argentina é aquele país que muitos brasileiros acham que conhecem — mas, de fato, poucos sabem sobre sua política, história, economia e seus costumes — e, claro, cujo povo fala uma língua que a maioria de nós acha que domina, mas que é muito mais difícil do que popularmente se acredita. Há mais de três décadas, vejo brasileiros acreditando que falam espanhol em Buenos Aires, orgulhosos de como conseguem se comunicar bem na Argentina, nosso país *hermano*. Já ri muito ouvindo meu próprio pai pedir uma massa com *"mocho"* de tomate, quando, na verdade, ele deveria ter dito *"salsa"*. A língua é apenas um exemplo do que me levou a escrever este livro: a vontade de compartilhar minha experiência, meu conhecimento, minhas vivências, enfim, concentrar aqui o aprendizado de uma brasileira — jornalista, hoje mãe de dois filhos, Carolina e Manuel, frutos de meu casamento com um argentino, Nicolás, que nasceram na Argentina — sobre um país que adoramos, em alguns aspectos até invejamos, mas com o qual também temos uma rixa eterna, e pelo qual sempre temos um enorme interesse.

Há muito tempo tento explicar a Argentina aos brasileiros — e também o Brasil aos argentinos. Muitas vezes me sinto uma espécie de intérprete dos dois países. Somos vizinhos, estamos muito perto um do outro, mas a verdade é que nos conhecemos pouco. E, como a realidade de ambos é muito dinâmica — na Argentina se costuma dizer que um ano parece dez —, preciso sempre atualizar as explicações. Então, "finalmente, *qué pasa* na Argentina desta vez?", uma pergunta que ouço o tempo todo. Uma nova crise; um novo presidente na corda bamba; o dólar que volta a disparar; a inflação que sufoca; um papa argentino; o fenômeno Messi; a tentativa de assassinato de uma vice-presidente; um submarino que afunda; um filme — *Argentina, 1985* — que, novamente, representará o país no Oscar na disputa do prêmio de melhor filme estrangeiro.

O interesse pela Argentina é cíclico, mas permanente. Existe uma atração entre os dois países, uma relação que nem mesmo o período nefasto para o vínculo bilateral que foram os quatro anos de governo de Jair Bolsonaro conseguiu romper. O ex-chanceler brasileiro Celso Lafer costumava dizer que a relação entre Brasil e Argentina não é uma opção, é um destino. E devo confessar que concordo com essa afirmação graças a tudo que entendi e estudei ao longo destas três décadas e a todas as entrevistas que tive o privilégio de fazer com presidentes, ministros, acadêmicos e uma variedade enorme de pessoas. Estamos destinados a estar muito perto um do outro, mas precisamos nos conhecer mais.

Já me deparei inúmeras vezes com as mais diferentes perguntas sobre a Argentina. Como um país que no começo do século passado estava entre os mais ricos do mundo hoje virou mais uma nação latino-americana desigual e empobrecida? Como foi possível destruir uma economia tão pujante? Como foi aquele ano em que a Argentina teve cinco presidentes em uma semana? Você estava lá quando confiscaram os depósitos bancários? Há tanta pobreza na Argentina quanto no Brasil? Como um país com tantos problemas econômicos consegue fazer um cinema tão maravilhoso? E a terceira Copa do Mundo sem dinheiro e com clubes falidos? Responder a essas perguntas faz parte da minha rotina como jornalista brasileira que, pelas voltas que a vida dá, foi parar na Argentina e fala espanhol como portenha. Até tento fazer um sotaque menos local, mas não consigo. Posso estar em Caracas, Bogotá, Nova York ou Santiago, o comentário é sempre o mesmo: "Me explica uma coisa, como é possível que uma brasileira fale como uma portenha?". A resposta é uma longa história. Assim começam muitas conversas na minha vida, e também pensando nisso nasceu a ideia deste livro.

Ser jornalista e me especializar em América Latina foi um caminho natural e me levou a entender melhor a região onde estamos. Temos uma rivalidade eterna com a Argentina, sobretudo quando o assunto é futebol, como repetem sempre os presidentes de ambos os países — fazendo aquela piadinha que não pode faltar em reuniões de alta cúpula. E, claro, vou falar do esporte neste livro, porque, piadinhas à parte, acho que qualquer brasileiro que se interesse pela Argentina quer saber sobre Maradona, Messi e a nova geração de jogadores que encanta seu país e o mundo. Como me explicou um argentino, na Argentina o futebol é uma religião; no Brasil, um espetáculo. Para entender Maradona e Messi, é preciso entender esse conceito, assim como o impacto emocional que o futebol causa na sociedade argentina.

Tive o privilégio de cobrir momentos históricos para a Argentina nos últimos 25 anos. Vejo de perto e vivo a rotina do país, que foi mudando ao longo dos anos. Filmes como *A odisseia dos tontos*, de 2019, mostram alguns desses hábitos, que, diga-se de passagem, não são novidade. Entre eles está a obsessão pelo dólar, guardado em lugares tão prosaicos quanto debaixo da terra, geladeiras, colchões e armários. Viver na Argentina é, em alguns momentos, surreal, e vemos coisas que nenhum filme mostra. Tenho o privilégio de ser filha do jornalista que abriu os olhos dos leitores para a importância da América Latina nos noticiários a partir da década de 1960 e de ter passado, e ainda passar, muito do meu tempo no país. Minha família é binacional, e, embora meus filhos tenham um vínculo forte com o Brasil — e, claro, a cidadania brasileira —, o sangue portenho muitas vezes fala mais alto. Muitas matérias que escrevo surgem de conversas que temos em casa. Uma das mais recentes foi a crise das figurinhas do álbum da Copa. Um dia, meu filho de treze anos disse: "Isso aqui virou um país comunista, só vendem dois pacotinhos de figurinhas por pessoa. Estou revoltado". Primeiro, não consegui me conter e expliquei rapidamente o que é o comunismo. Depois, quis entender o que estava acontecendo, e o resultado foi uma reportagem para *O Globo* que acabou virando assunto de um editorial do jornal. Na Argentina, ficou difícil até produzir e vender figurinhas de futebol.

Ser jornalista no país dos nossos *hermanos* é maravilhoso — e enlouquecedor. Contudo, o jornalismo sempre será minha grande paixão. Um dos sons que marcaram minha infância foi o da máquina de escrever do meu pai, o jornalista Newton Carlos, falecido em 30 de setembro de 2019. Morávamos numa casa no bairro de Santa Teresa, no Rio de Janeiro, e seu escritório ficava perto do meu quarto. Era uma casa grande, com muitas escadas, uma piscina onde meu pai nadava quase todos os dias e uma vista privilegiada da cidade. Tive uma infância feliz, apesar da separação dos meus pais quando eu tinha menos de três anos. Sou fruto de um grande amor que nasceu na redação do jornal *Correio da Manhã*. Meu pai já era um jornalista renomado, e minha mamãe, 24 anos mais nova, estava apenas começando na carreira. Essa linda história durou nove anos. Talvez o maior desacordo entre meus pais tenha surgido quando minha mamãe decidiu se mudar para a Argentina, em 1985, em consequência de seu segundo casamento. Eu tinha nove anos e me lembro bem de minha revolta com sua decisão de que ambas nos mudássemos para Buenos Aires. Não foi fácil, mas, mesmo assim, meus pais jamais deixaram essas diferenças alterarem nossa vida. Cresci feliz, com a única grande tristeza de ter deixado meu país muito nova para viver uma vida que, naquele momento, não queria viver. A Argentina entrou na minha vida com fórceps, e nesse país acabei me formando como jornalista, conseguindo meu primeiro emprego, me casando, tendo dois filhos e crescendo, muito, na profissão. Quem diria? *Gracias*, Argentina.

Antes, vivi três meses no México. O segundo marido de minha mãe morava lá, era exilado da ditadura argentina por opção. Com o passar do tempo, fui descobrindo que, antes da nossa chegada a Buenos Aires, em 1985 — ano do histórico julgamento dos chefes da Junta Militar responsável pelo golpe de Estado de 24 de março de 1976 —, o país tinha vivido uma das ditaduras mais sanguinárias que a América Latina já sofreu. Como jornalista, visitei centros clandestinos de detenção e tortura e entrevistei sobreviventes, pessoas que foram tiradas de suas famílias por militares quando eram crianças de colo e só reencontraram os parentes décadas depois, juristas, as Mães e as Avós da Praça de Maio, historiadores e uma enorme quantidade de pessoas que sofreram a violência brutal dos militares argentinos.

Meu pai escreveu muito sobre as ditaduras que assolaram a América Latina. Visitou Buenos Aires diversas vezes, inclusive durante o regime militar. Teve muitos amigos argentinos, escreveu para jornais do país como

Clarín e *Página/12*, veículos relevantes até hoje, e recebeu no Rio exilados que precisavam se esconder.

Para um jornalista interessado em política internacional, a Argentina é um excelente lugar para começar. Aliás, sempre recomendo a colegas que estão em início de carreira que vale a pena passar um tempo na Argentina. Contudo, não era o que eu pensava quando vim parar aqui a contragosto. A menina carioca, de nome estranho para os portenhos — que ninguém, até hoje, consegue pronunciar direito —, filha de pais separados, chegou dois anos após o final da ditadura ao país que, naquele momento, ainda era considerado o mais europeu dos latino-americanos. O Brasil era um lugar muito diferente. Tenho algumas lembranças daqueles primeiros tempos. Uma delas é minha surpresa ao constatar que eu vivia em uma cidade que tinha as quatro estações do ano muito bem marcadas com todo o seu esplendor. No verão, faz um calor sufocante, úmido, insuportável. No outono, as folhas das árvores ficam amareladas e caem. No inverno, faz um frio terrível — são os meses mais difíceis para mim —, e, na primavera, as flores trazem um alívio e uma alegria enormes. Na década de 1980, ser filha de pais separados em Buenos Aires era complicado. Para quem vinha do Rio de Janeiro, uma sociedade ainda hoje muito mais aberta, foi um choque. Ao longo dos anos, a Argentina mudou muito, mas ainda vejo diferenças expressivas entre os dois países. Comecei a entender melhor isso mais velha, quando, depois de um tempo de argentinização inconsciente, me reconectei com minha origem brasileira.

Há muitos anos escrevi uma matéria para o jornal *O Globo*, no qual trabalho desde 1999, sobre a atração entre mulheres brasileiras e homens argentinos. O título foi: "Argentino, você ainda vai ter um". Quem mora ou morou na Argentina conhece alguma brasileira casada com um argentino. Tenho várias amigas e, eu mesma, sou um exemplo. Por quê? Acho que tem a ver com essas diferenças que entendemos quando passamos um tempo no país. Algumas são sutis, outras, nem tanto. Nos relacionamentos entre homens argentinos e mulheres brasileiras, ouço sempre as mesmas coisas: os argentinos são mais cavalheiros, atenciosos, sedutores. Sim, em parte, concordo. Mas também são mais esquentados, estressados e dramáticos. E isso se vive não apenas em relações amorosas, mas também nas amizades, no dia a dia. Muitas vezes me senti dentro de um tango, arrastada pelo drama nacional, que, no Brasil, terminaria em samba.

Mudar de país aos nove anos, contra a vontade, foi algo que me marcou para sempre. A Argentina fica geograficamente próximo ao Brasil, mas as diferenças entre os dois países são enormes, algo que acho que os brasileiros, em geral, minimizam. Eles comem mais carne, e o churrasco argentino é diferente; eles dançam tango; não tiveram imperadores. A capital sempre foi Buenos Aires, onde tudo acontece; a ditadura argentina foi mais curta e mais violenta, e os crimes cometidos pelos militares argentinos estão sendo julgados; a educação pública é valorizada; há violência, claro, mas em números menores que no Brasil. Na maioria das ruas de Buenos Aires, ainda é possível andar à noite sem medo; a sociedade argentina é mais conservadora, apesar de ter avançado, por exemplo, aprovando leis como a que permite o casamento entre pessoas do mesmo sexo ou a mudança de gênero no documento nacional de identidade. Eu poderia falar por horas sobre todas as diferenças.

Mudar para a Argentina transformou muitas coisas na minha vida, entre elas minha relação com meu pai. Nossa união foi, até o final de seus dias, inabalável. Talvez por isso decidi seguir seus passos — pela admiração que sentia e sinto por ele. Sempre soube que o perderia relativamente nova, afinal, quando nasci, ele tinha quase cinquenta anos. Cada vez que eu ia embora do Rio — que visitava com muita frequência —, sofria pensando que, talvez, aquela teria sido a nossa despedida. Mas o Universo funciona de maneiras incompreensíveis, e o jornalismo, que meu pai me ensinou a amar, permitiu que eu estivesse ao seu lado nos últimos meses de vida. Quando menos esperávamos, em setembro de 2018, o jornal *O Globo* decidiu fechar a vaga de correspondente em Buenos Aires, posto que ocupei durante dezenove anos, e me ofereceram ser repórter especial baseada no Rio de Janeiro. Em três meses, a mudança estava em marcha. Mudei de função, mas continuei cobrindo a Argentina, como faço até hoje, entre muitos outros temas — e já são mais de 25 anos.

Nos três anos anteriores, pela deterioração da saúde de meu pai, vivi numa ponte aérea entre Buenos Aires e Rio de Janeiro. Num gesto que jamais esquecerei, meus filhos e meu marido aceitaram a aventura de mudar para o Brasil no final de 2018. Dez meses depois, meu pai partiu, e eu

18 *Janaína Figueiredo*

pude passar sua última noite de vida ao seu lado. Quando ele se foi, percebi o tamanho de sua importância para o jornalismo brasileiro. Houve uma enxurrada de homenagens e mensagens. Foi comovente, e meu orgulho só cresceu. Ele foi um mestre não apenas para mim, mas para muitas gerações de jornalistas, um exemplo de honestidade, profissionalismo, dedicação e paixão por sua profissão. Não sou a única apaixonada pela América Latina, e Newton Carlos, meu pai, tem muito a ver com isso.

A Argentina finalmente nos uniu. Não foi fácil chegar a essa conclusão, mas assim foi, e por isso este livro é dedicado a meu pai, porque desde que cresci ouvindo o som de sua máquina de escrever, na casa de Santa Teresa, no Rio, acho que cresceu em mim a vontade de ser jornalista, como ele. São tantas as lembranças daquela época, antes de a Argentina entrar na minha vida. Eu me recordo que, para chegar ao escritório do meu pai, era preciso subir uma escadinha de madeira, que tinha uma pequena porta, que nos parecia a de um refúgio antiaéreo. Quando ele precisava se concentrar, fechava a portinha. Mas o som do "*tlec, tlec, tlec, tlec*" de sua máquina de escrever atravessava a madeira e era um aviso para quem passasse por ali, algo como "proibido incomodar". Mas eu, sua caçula, sempre subia para jogar conversa fora. Ele, com jeitinho, me pedia que o deixasse trabalhar. Eu adorava estar naquele escritório. Sem perceber, fui absorvendo seu amor por nossa profissão.

Aos 24 anos tive a oportunidade de começar a colaborar com *O Globo* depois de ter trabalhado em jornais argentinos como *El Cronista* e *Perfil*. Também passei um ano na redação da *Gazeta Mercantil Latino-Americana*, em Buenos Aires, fui redatora de uma revista infantil e fiz uma cobertura especial para o jornal italiano *Il Manifesto*. E a Argentina sempre esteve presente no meu trabalho e na minha vida. Tenho, fruto do segundo casamento da minha mãe, um irmão argentino, Francisco, que é cineasta. Falamos em português, ele com sotaque portenho, e muitas vezes acabamos debatendo sobre seu país e suas crises eternas. Sou muito mais crítica do que ele, claro. Francisco, como meus filhos, tem um amor pela Argentina que somente quem nasceu aqui e se sente daqui tem. Os argentinos reclamam o tempo todo do lugar onde nasceram: "País de merda"; "Aqui não se pode viver"; "A única saída é o aeroporto internacional de Ezeiza"; "Este país não tem solução"; "A inflação é insuportável" etc. Contudo, eles amam incondicionalmente a Argentina. Muitos vão embora porque não encontram outro modo de ganhar a vida. Mas sofrem, e como sofrem. Sentem falta de tudo — da comida, dos amigos, da família. Os afetos são para os argentinos um pilar essencial em suas vidas.

Estar aqui me permitiu não só incorporar outra cultura, tentando sempre resistir ao drama como modo de vida, mas também conhecer bem nossa região. Eu me especializei em América Latina, e essa paixão é um dos motores da minha vida. Hoje, Buenos Aires é minha base, e daqui parto para outros destinos, sempre circulando pelo Brasil e o resto do continente. Devo isso à Argentina, que me permitiu ser correspondente muito nova e, depois, repórter especial.

Em março de 2000, minha primeira viagem como correspondente d'*O Globo*, fui para o Chile, na cara e na coragem. Lembro-me de estar no avião, conversando com jornalistas mais experientes do que eu. Tentava absorver tudo o que podia: detalhes sobre a ditadura chilena, Pinochet, os governos após o retorno da democracia, o presidente Ricardo Lagos, que acabara de vencer a eleição — e que depois entrevistei três vezes durante seu mandato de seis anos —, a economia, enfim, tudo e mais alguma coisa.

Nessa primeira cobertura no Chile, conheci a escritora e jornalista Patricia Verdugo, outra grande amiga de meu pai. O pai dela havia sido assassinado pela ditadura de Pinochet, e uma investigação realizada por Patricia fora essencial num processo judicial contra o ex-ditador. Ela escreveu o livro *A caravana da morte*, indispensável para quem se interessa pela história recente do Chile. Nós nos vimos muitas outras vezes até que um câncer fulminante interrompeu, em 2008, uma vida dedicada à busca de justiça. Foi uma notícia muito triste. Com Patricia, aprendi sobre jornalismo e sobre a vida. O Chile é também um país incrível, com uma história dura, triste, com muita dor ainda presente em sua sociedade. E, como o Brasil, muito diferente da Argentina.

Aliás, existe uma rixa entre chilenos e argentinos que tem capítulos históricos. Os dois países quase terminaram em guerra em 1978, e o Chile colaborou com o Reino Unido na Guerra das Malvinas. O chamado Conflito do Canal de Beagle foi uma disputa territorial entre Argentina e Chile sobre um trecho do canal localizado no extremo sul do continente. É um conflito antigo, que começou em 1888. Foi selado um tratado em 1901, e os primeiros mapas argentinos da região incluíram pequenas ilhas de enorme valor estratégico entre os oceanos Atlântico e Pacífico. A disputa se arrastou durante décadas, e em 1978 o governo militar argentino ordenou a chamada Operação Soberania, que previa a invasão das ilhas em disputa. Foi necessária a intervenção do Vaticano para evitar uma guerra. Houve uma mediação e, finalmente, a assinatura de um Tratado de Paz e Amizade em novembro de 1984. Essa rixa, portanto, é muito diferente da que existe entre Brasil e Argentina — e muito mais profunda.

Minha paixão pela América Latina nasceu na Argentina. Costumo dizer que ela está no meu DNA. Nasci ouvindo histórias sobre essa região, indo a lançamentos de livros do meu pai sobre o assunto, acompanhando seus comentários na TV e conhecendo seus amigos latino-americanos, e, por minha mãe, a professora de Relações Internacionais Monica Hirst, me mudei para a Argentina muito nova. Olhando para trás, tudo parece um caminho muito bem pensado, embora tenha sido cheio de obstáculos. Gosto de pensar que a vida vai encontrando a maneira de nos levar na direção correta, mesmo que em determinados momentos não entendamos ou não gostemos de trechos desse caminho. O meu sempre foi ser jornalista, trabalhar com temas internacionais, especialmente América Latina e Brasil. E, nesse périplo, a Argentina teve e tem um papel central. Meu primeiro livro, que em algum momento pensei que seria sobre a Venezuela, outro país que acompanho atentamente, tinha de ser sobre a Argentina.

Em um e-mail que meu pai me escreveu em dezembro de 2013, e que reli depois de sua morte, ele me mostra o caminho das pedras:

> Este é o caminho: ocupar-se da América Latina a partir de Buenos Aires. Chile, Uruguai, Paraguai, Venezuela etc. Procure tornar-se correspondente latino-americana, você terá seu lugar, já que há uma crescente falta de espaço para a editoria de Mundo.
>
> De um pai, Newton, orgulhoso da filha jornalista como ele — ela brilhando, ele, na hora de recolher-se.

Aos 86 anos, ele falava em se recolher, mas escreveu até o derradeiro suspiro. Foi o último aprendizado que me deixou, entre muitos outros que são verdadeiros mantras que me guiam na profissão. Um deles diz que "um bom jornalista se vê pela sola do sapato". Quando ele reclamava das minhas viagens mais ousadas — sobretudo das idas a Caracas em momentos de extrema tensão por lá —, eu dizia que a sola do meu estava bem gasta, e ele, claro, concordava. Talvez a Argentina seja o país onde mais gastei a sola do sapato — e continuo gastando. Espero que este livro ajude a tirar dúvidas, ampliar conhecimentos, despertar novas curiosidades e criar um retrato sobre nossos *hermanos* sem preconceitos e sem rivalidade.

I

O QUE DEU ERRADO?

O EMBAIXADOR BRASILEIRO MARCOS AZAMBUJA, que chefiou a embaixada do Brasil em Buenos Aires durante cinco anos, entre 1992 e 1997, costuma dizer que existem três tipos de países no mundo: os desenvolvidos, os subdesenvolvidos e a Argentina. A frase é um gatilho para conversas sobre nosso vizinho e uma maneira divertida de resumir o drama de um país que já esteve entre os mais ricos do mundo entre o final do século XIX e começo do XX e, num processo contínuo e irreversível a partir da década de 1940, perdeu o impulso de crescimento e suas riquezas, tornando-se mais uma nação desigual da América Latina.

Quando morei pela primeira vez em Buenos Aires, em 1985, lembro que muitas pessoas me disseram que eu conheceria o país mais europeu da região. Eu tinha apenas nove anos, mas, de fato, algumas coisas chamaram minha atenção. A arquitetura, sobretudo nos bairros mais nobres da capital, era totalmente diferente do que eu conhecia no Rio de Janeiro. Os prédios lembravam a época de ouro da Argentina não pelo luxo, mas pela sofisticação. Até hoje, se caminhamos pelos bairros da Recoleta, de Palermo, San Telmo e por algumas ruas do centro da cidade, vemos prédios que perfeitamente poderiam estar em Paris ou Madri. Avenidas como a Libertador, que atravessa quase toda a cidade, têm um estilo arquitetônico bem diverso do que encontramos nas principais capitais do Brasil. As embaixadas de Buenos Aires, entre elas a do Brasil, são grandes palácios construídos nos primeiros anos do século xx, impactantes por sua beleza e, justamente, porque mostram o que a Argentina já foi, e não é mais, há muito tempo.

Quando eu era pequena, me lembro de contar para minha avó materna, Zelita, que morou em Buenos Aires quando era jovem, como me impressionava a elegância das mulheres argentinas, que, em meados da década de 1980, adoravam usar casacos de pele. Para uma menina que tinha passado a infância no bairro carioca de Santa Teresa e os fins de semana numa casinha simpática, mas bem simples, na praia de Barra de São João, na Região dos Lagos, aquelas argentinas vestindo peles — verdadeiras e sintéticas — eram algo surpreendente. Com o tempo, os casacos de pele sumiram do guarda-roupa das argentinas por diversos motivos — tanto ecológicos como econômicos.

Nosso vizinho, costumam dizer os argentinos mais otimistas e os brasileiros apaixonados pelo país, como o embaixador Azambuja, sempre teve tudo para dar certo, mas, por algumas razões, que alguns consideram até mesmo psiquiátricas, a partir de determinado momento não deu mais. O país tem um clima excelente, um território amplo e recursos naturais inesgotáveis — hoje em dia, um ativo de enorme valor no mundo.

Azambuja conta, quase com o orgulho de um argentino, que o país já ganhou cinco prêmios Nobel. César Milstein levou, em 1984, o Nobel de Medicina por seu trabalho com anticorpos monoclonais; Luis Federico Leloir, médico, bioquímico e farmacêutico nascido em Paris, mas que posteriormente estudou Medicina na renomada Universidade Nacional de Buenos Aires, obteve o Nobel de Química em 1970; Adolfo Pérez Esquivel venceu o Nobel da Paz por sua atuação na defesa dos direitos humanos durante a última ditadura argentina (1976–1983), período no qual foi preso e torturado; Bernardo Alberto Houssay, também médico de reconhecida trajetória internacional, recebeu o Nobel de Medicina em 1947 por seu trabalho sobre glândulas que regem a distribuição da glicose no corpo (uma pesquisa que permitiu avanços importantíssimos nas descobertas relacionadas à diabetes); Carlos Saavedra Lamas, advogado, diplomata e político, foi o primeiro premiado, em 1936, com o Nobel da Paz por sua contribuição para pacificar o continente americano, que incluiu a assinatura de um acordo antibélico selado por 21 nações da região.

A Argentina não teve apenas cinco prêmios Nobel, número que ultrapassa o de qualquer outro país latino-americano, mas, entre 1895 e 1896, o país foi o mais rico do mundo em termos de renda per capita, superando os Estados Unidos, nações europeias e outras de enorme riqueza na época, como a Austrália. Em 1913, a Argentina era a sétima maior economia do mundo. No mesmo ano, a taxa de analfabetismo era de apenas 20%, um número impactante se levarmos em consideração que na segunda metade do século XIX era de cerca de 70%.

Quando falamos sobre educação na Argentina, um nome que deve ser mencionado com destaque é o de Domingo Faustino Sarmiento, político, professor, jornalista, militar e ex-presidente que governou a Argentina entre 1868 e 1874. Sarmiento foi quem expandiu a educação pública a todo o país, contratando até mesmo professores estrangeiros para ampliar o número de profissionais em território ainda com poucos habitantes (em 1895, eram 4 milhões de pessoas). Seu governo foi um dos primeiros a promover a imigração estrangeira na formação da Argentina como país independente e, até a década de 1940, muito próspero.

Em 1869, o país realizou seu primeiro censo nacional, que revelou uma população de 1,5 milhão de pessoas. Desse total, estima-se que 80% eram nativos. Anos depois, em grande medida graças às políticas de Sarmiento, mais de 4 milhões de imigrantes europeus desembarcaram no porto de Buenos Aires para ocupar uma enorme parcela do território que se encontrava desabitada. Esse momento da história do país é muito bem analisado pelo historiador argentino Tulio Halperín Donghi, falecido em 2014 e que entrevistei a respeito de seu livro *Uma nação para o deserto*, lançado em 1982. Donghi talvez seja um dos que melhor retrataram a evolução argentina — e suas permanentes turbulências.

Como lembra o jornalista e analista internacional Jorge Castro, meu primeiro chefe em uma redação de jornal em Buenos Aires — fui sua estagiária no *El Cronista* entre 1996 e 1997 —, uma das melhores frases de Halperín Donghi é a que define os argentinos como maníaco-depressivos: "Temos duas horas de euforia por dia e catorze de depressão. O resto... Bom, no resto do tempo dormimos — mal". Numa longa conversa em um clássico café do bairro de Palermo, Jorge e eu falamos longamente sobre as razões do fracasso argentino, o que para ele, um otimista nato, daqueles que vibram ao falar sobre as oportunidades que seu país apresenta, é algo fascinante. "Como dizia Hegel, onde está o problema, está a solução", me disse Jorge, que identifica o momento-chave do drama argentino como o primeiro governo do general Juan Domingo Perón, entre 1946 e 1955.

No entanto, voltemos ao início de uma história republicana de sucesso. Após sua independência, em 1816, a Argentina caminhou na direção de uma economia liberal, aberta ao mundo. Os sucessivos governos — não apenas o de Sarmiento — foram amplamente favoráveis à imigração, permitindo a chegada de uma enorme onda de imigrantes europeus entre o final do século XIX e os primeiros anos do século XX.

A Argentina era um país moderno, com uma legislação que facilitava investimentos locais e estrangeiros, sem nenhum tipo de ingerência do Estado — algo que anos depois tornou-se um dos grandes problemas para quem quisesse fazer negócios na Argentina. Aquele era essencialmente um país de futuro e que prezava pela liberdade em todos os sentidos.

Antes da Primeira Guerra Mundial, o país acumulou 35 anos com uma média de crescimento de 6%, taxa considerada alta. A economia era forte e se especializou na exportação de produtos primários como carne, cereais e couro para mercados europeus. A entrada de capital estrangeiro — sobretudo britânico — ajudou a potencializar uma economia nacional que era pujante e gerava inveja em seus vizinhos. Na época, para muitos imigrantes europeus que fugiam da guerra, o dilema era escolher entre os Estados Unidos e a Argentina, algo que soa incompreensível hoje em dia.

A referência a questões psiquiátricas é frequente em conversas entre argentinos que analisam o que deu errado com o país. Já presenciei jantares com funcionários de governos peronistas nos quais se discutiam os gargalos da economia nacional. Certa noite, um deles me contou sobre um encontro que teve com um funcionário do governo brasileiro no final da década de 2010. Era um momento em que a Argentina havia redobrado suas políticas protecionistas — outro elemento central da economia nacional a partir da década de 1940 —, limitando enormemente as importações estrangeiras, e quem mandava nos comércios interno e externo do país era um peronista que parecia ter parado no tempo, como muitos outros, chamado Guillermo Moreno. Esse personagem, que causou delicados conflitos comerciais entre nosso país e os *hermanos*, chegava em reuniões com funcionários brasileiros, apontava para a própria caneta e dizia: "Estão vendo esta caneta? É ela quem decide o que entra e o que não entra na Argentina".

Assim, em pleno século xxi, o governo peronista da então presidente Cristina Kirchner (2007–2015) havia depositado nessa espécie de dinossauro da política nacional o poder de administrar o comércio do país. Esse mesmo funcionário do jantar animado a que fui convidada comentou que, certa vez, quando foi perguntado por colegas brasileiros sobre qual era o real problema da Argentina, simplesmente respondeu: "A questão é psiquiátrica". O relato me impactou, porque percebi que os próprios argentinos reconhecem que os dramas do país são, em grande medida, responsabilidades deles mesmos — e não da falta de oportunidades.

A Argentina poderia ter sido uma potência global se não tivesse dado tantos tiros no próprio pé. Em 1930, o país sofreu seu primeiro golpe de Estado, dando início ao que se chamou de Década Infame, e o dano institucional foi enorme. Em termos econômicos, depois de ter sido um dos países que mais rapidamente se recuperaram da grande depressão global de 1930, cinco anos mais tarde o governo de Agustín P. Justo (1932–1938) adotou uma política de substituição das importações para enfrentar a crise do comércio internacional. A Argentina se industrializou e teve pleno emprego. Foi um período de conquistas econômicas, mas que durou pouco. Em 1943, um novo golpe de Estado, do qual Perón participou, instalou na Casa Rosada um governo militar. Perón foi secretário de Trabalho, ministro de Guerra e vice-presidente. Finalmente, disputou a presidência nas urnas e foi eleito em 1946.

Com Perón, surgem — com uma força que conservam até os dias de hoje — os poderosos sindicatos argentinos. Os trabalhadores industriais começaram a participar da política, e, em um período de três anos, a renda per capita dos argentinos subiu 50%. O país manteve o pleno emprego. Perón promoveu uma expansão inédita do mercado interno e nacionalizou empresas estrangeiras, o consumo disparou, o país cresceu, mas — e aqui vem o problema, talvez o pecado original da Argentina — a explosão da demanda interna levou o Banco Central (BC) a gastar quase todas as suas reservas para financiar as importações que entravam no país, sobretudo de petróleo. Em um relatório enviado a Perón em 1948, sua equipe econômica informou que o BC argentino tinha naquele momento apenas 300 milhões de dólares em reservas. Esse montante não era suficiente para cobrir mais do que seis meses das importações de petróleo do país.

Qualquer semelhança com os dias de hoje não é apenas coincidência. Desde aquele momento, a Argentina vive um problema crônico de escassez de divisas, recessões cíclicas e inflação — que nos primeiros dois governos de Perón chegou a 60% ao ano. O país passou a ser cenário, também, de greves sindicais e protestos permanentes, contidos com violência em períodos de forte repressão militar. As greves convocadas por sindicatos causaram crises que, em alguns casos, anteciparam o final do mandato de presidentes democraticamente eleitos, como foi o caso de Raúl Alfonsín, primeiro presidente do período de redemocratização do país (1983–1989).

Nos primeiros anos de Perón, o país ganhou uma nova Constituição e passou de um modelo liberal em matéria econômica para outro diametralmente oposto, de uma economia fechada e que consagrou a intervenção do Estado na economia e na política — incluindo a censura a opositores do regime, principalmente a imprensa. Quando a crise do BC colocou o governo em xeque, Perón fez acordos com companhias petroleiras americanas, abandonando as posições fortemente contra os Estados Unidos dos primeiros anos de mandato.

Em sua campanha presidencial de 1946, o lema do peronismo era "Braden ou Perón" — Spruille Braden era o embaixador norte-americano, que deixou o posto um pouco antes da eleição justamente por causa de tensões com os peronistas. Depois de abandonar a Argentina, Braden se tornou secretário adjunto para Assuntos Latino-Americanos do Departamento de Estado de seu país, de onde continuou desafiando o peronismo — que se modifica, sempre. Depois de se opor aos Estados Unidos em sua campanha presidencial de 1946, Perón fez negócios com os americanos para salvar a economia nacional. No Decreto Presidencial nº 6.688, de 1955, mesmo ano em que Perón seria derrubado pelo golpe da chamada Revolução Libertadora, o governo aprovou um contrato com a companhia Califórnia

Argentina de Petróleo, propriedade da americana Standard Oil. O fundamento do contrato era a necessidade de reduzir as importações de petróleo, que estavam provocando uma sangria de reservas do BC — problema que persiste desde então.

Perón mostrou, pela primeira vez, que seu movimento poderia mudar de bandeiras rapidamente caso fosse necessário. Veremos isso muitas outras vezes em todos os governos peronistas que se seguiram. Como me disse um empresário argentino que convive com o peronismo há setenta anos, "os peronistas são gerenciadores de poder, mas não sabem administrar um país". Essa avaliação é útil para entender todos os governos peronistas até os dias de hoje. O movimento sabe acumular poder, mas não conseguiu resolver os grandes dramas econômicos da Argentina.

Outro elemento importante desse momento crucial da história econômica argentina é o péssimo relacionamento entre Perón e os produtores rurais — algo que se repetiu, décadas depois, no governo de Cristina Kirchner. Com medidas intervencionistas que reduziram a renda dos produtores rurais que exportavam seus produtos para o resto do mundo — e eram considerados pelo governo como um ator político opositor, que deveria ser perseguido —, Perón matou sua galinha dos ovos de ouro. O dinheiro obtido por meio de impostos cobrados aos produtores agropecuários foi destinado a subsídios para o setor industrial, entre outras medidas. Para Jorge Castro, essas decisões equivocadas marcaram o destino da Argentina. Em 2008, foi Cristina quem desafiou os grandes produtores rurais — mantendo, porém, o apoio aos mais humildes, que costumam votar nos peronistas —, e isso lhe custou um forte revés eleitoral nas eleições legislativas de 2009.

Desde o primeiro governo de Perón, a proteção à indústria nacional é uma política recorrente no país. Alguns presidentes civis — peronistas e não peronistas —, assim como os militares, fugiram a essa regra, provocando graves crises sociais, o que sempre terminou levando o país a retomar o caminho do protecionismo. Além de limitar a concorrência com os produtos nacionais, o protecionismo argentino busca restringir a utilização de reservas do BC para custear as importações. Essa estratégia não só não impediu sucessivas crises financeiras, como boicotou a modernização da indústria nacional, acostumada a contar com a proteção estatal. Até os dias de hoje, e até que o país consiga ampliar suas exportações e obter os recursos necessários para financiar suas importações, sem ter de aplicar o clássico protecionismo comercial — muitas vezes violando regras da Organização Mundial do Comércio, algo que já foi denunciado por diversos países, inclusive o Brasil —, a escassez de divisas será um dos principais problemas da economia argentina.

Essa questão econômica é vista por especialistas também como a causa dos problemas políticos da Argentina, já que se trata de um país altamente politizado e mobilizado — sobretudo após o surgimento do peronismo —, um dos mais ativos em protestos sociais da região, e com instituições enfraquecidas segundo relatórios que medem a força das democracias no mundo, entre eles o que é elaborado pelo Instituto Idea Internacional. As permanentes turbulências econômicas levam a manifestações constantes nas ruas, que desgastam governos e as demais instituições do país. Os argentinos, em sua maioria, não confiam na Justiça nem no Congresso. O país vive uma epidemia da desilusão. Para onde se olha, se vê frustração — e uma ausência total de esperança no futuro.

A Argentina talvez seja um dos poucos países do mundo nos quais os meios de comunicação pela manhã informam sobre a meteorologia e a localização de piquetes contra o governo, prática considerada quase como um esporte nacional.

O país também fez escolhas erradas em matéria de geopolítica. Na Segunda Guerra Mundial, em uma decisão que até hoje gera controvérsias, a Argentina não se posicionou, o que para muitos foi, no fundo, uma opção pelo fascismo europeu. No dia 4 de setembro de 1939, três dias após o início do conflito, foi selado um Acordo de Ministros que determinou a neutralidade da Argentina, posição que foi mantida até cinco meses antes da assinatura do acordo de paz que encerrou a guerra.

O país foi o penúltimo a se unir aos Aliados (liderados por Reino Unido, Estados Unidos e União Soviética), muito depois de os governos de Brasil, México, Bolívia, Cuba, Guatemala, Chile e Costa Rica, entre outros, terem declarado guerra ao Eixo (Alemanha, Itália e Japão). Presidentes militares e o governo de Perón, eleito nas urnas, mantiveram essa neutralidade, que acabou isolando a Argentina e despertando muita desconfiança, sobretudo pela proximidade entre o general Perón e os movimentos fascistas europeus.

Arquivos do Ministério das Relações Exteriores da Argentina mostram que, após o ataque japonês à base naval norte-americana de Pearl Harbor, em 1941, a pressão dos Estados Unidos sobre os países que se mantinham neutros na guerra aumentou de forma expressiva. O governo argentino, porém, não modificou sua posição, embora tenha, naquele momento, passado a considerar os Estados Unidos um país "não beligerante". Documentos provam, no entanto, que a Argentina era, para os Estados Unidos, a maior ameaça política — e não militar — na região, já que o final da Segunda Guerra coincidiu com o surgimento e o fortalecimento do peronismo, o que levou a Argentina a seguir caminhos que explicam, em grande medida, a deterioração sucessiva de sua economia e da chance de se tornar uma das nações mais ricas do mundo.

Se entre 1880 e 1940 milhares de imigrantes europeus escolheram a Argentina como destino porque o país oferecia boas condições para que se desenvolvessem, crescessem e vivessem em liberdade, após a década de 1940 a situação mudou. O sonho argentino acabou, e o país, com o tempo, passou a ser estudado como um caso inédito de involução.

A economia se fechou cada vez mais, com o argumento de que era necessário proteger a indústria nacional e implementar uma política de substituição de importações. A produção agrícola não se modernizou e continua sendo a base da economia nacional. Os governos posteriores oscilaram entre modelos nacionalistas fechados e um liberalismo selvagem. Tudo isso condenou a Argentina ao atraso.

Durante o governo de Perón, os sindicatos se tornaram atores importantes na política nacional. Por um lado, o Estado passou a intervir mais na atividade econômica e, por outro, as pressões sindicais passaram a ser um grande complicador para os empresários locais. Na Argentina, é muito frequente ouvir alguém dizer que o pior negócio do mundo é contratar um trabalhador, pois, seja qual for a realidade, ele vai terminar iniciando um processo judicial contra o empregador e vai ganhar a causa. E isso está longe de ser uma figura de expressão. Continuam vigentes no país leis criadas durante os governos de Perón que, de fato, beneficiam amplamente os trabalhadores — uma proteção que muitos podem defender, afinal trata-se de direitos adquiridos, mas que, na Argentina, abriu espaço para o que é considerado uma verdadeira indústria nacional de processos judiciais movidos contra o setor privado. Para os advogados do país, sem dúvida esse é um grande negócio.

Os equívocos cometidos pelos sucessivos governos explicam muitos dos motivos pelos quais um país outrora tão próspero vive agora à beira do abismo. Esses erros são a base para o desastre, mas não são suficientes para entender por que a Argentina nunca mais encontrou seu caminho e, hoje, como acontece há décadas, se ouvem pessoas debatendo em programas de rádio e TV sobre os motivos pelos quais o país não deu certo. Faz algum tempo, me lembro de estar em um Uber e ouvir uma discussão desse tipo numa rádio local. Foi interessante analisar os argumentos de cada um dos que participaram da conversa (os argentinos adoram uma mesa-redonda) e, principalmente, perceber a emoção que cada um deles colocava em cada um de seus argumentos. "Você acha que eu não gostaria que nosso país fosse uma Suíça? Claro que gostaria, mas estou cansada. Tenho 52 anos, e há 52 anos estou esperando a Argentina virar um país sério. Desisto", disse uma das participantes. Seu colega tentou trazer um pouco de otimismo ao debate: "Temos de parar de nos comparar com países como a Suíça ou o Canadá. Nunca seremos isso. Mas temos de acreditar que a Argentina, sendo o país que é, pode dar certo. Temos tantos elementos positivos, temos riquezas, uma boa educação, e hoje produzimos o que o mundo mais precisa: alimentos. Tudo isso deveria ser suficiente para que a Argentina voltasse a ser um país levado a sério no mundo, um país com futuro".

Já ouvi muitas conversas similares, já que a involução do país é um tema onipresente. Durante a crise de 2001 e 2002, um grupo de políticos convidou o filósofo e ex-ministro brasileiro Roberto Mangabeira Unger para um encontro em Buenos Aires. Um dos organizadores do evento havia estudado com Unger na Universidade de Harvard. A teoria apresentada pelo brasileiro, segundo contou um dos participantes do encontro, era de que os argentinos não sabem dirimir suas divergências. Os políticos argentinos são bons na hora de encontrar pontos em comum, mas isso não resolve os problemas. O que falta "é saber como lidar com as diferenças".

Lembrei essa frase do filósofo brasileiro nos primeiros meses de 2023 na pré-campanha eleitoral para a presidência da Argentina quando vi um cartaz colocado no bairro de Palermo de um pré-candidato peronista que dizia: "Façamos com o país que nos deixaram o país que queremos". Um peronista criticando um governo peronista e prometendo fazer melhor.

O fracasso do país é motivo de angústia nacional. No entanto, muitos argentinos não se conformam com essa situação — até mesmo os que optaram por emigrar continuam discutindo sobre o que falhou em tantas décadas, o que fez a Argentina perder o rumo. A única coisa certa, e isso eu garanto porque tenho dois filhos, marido, irmão e muitos amigos argentinos, é que eles amam seu país de maneira incondicional, na mesma intensidade com que sofrem os dramas diários que implicam morar na Argentina.

Para todas essas pessoas, não basta explicar as péssimas decisões tomadas na economia e na política; o impacto negativo do protecionismo comercial; a falta de investimento em modernização e diversificação da economia e da produção agropecuária, assim como em serviços básicos como saúde e educação, que, no passado, foram muito superiores ao que são hoje; ou o dano que causaram os golpes militares e, sobretudo, o trauma deixado pelas terríveis violações dos direitos humanos cometidos pela última ditadura (1976–1983). Fica faltando algo, e esse algo, depois de conversar com muitas pessoas, entre elas analistas políticos, acadêmicos, jornalistas, motoristas de táxi, garçons, enfim, pessoas comuns que vivem na Argentina e lidam com seus sobressaltos ano a ano, tem a ver com uma coisa mais profunda: o modo de ser do argentino. Mangabeira Unger pode ter acertado na mosca. Sempre se fala sobre o enorme ego dos argentinos e de sua sensação de superioridade em relação a outros latino-americanos. Esse comportamento é motivo de críticas. Mas, em sua própria terra, os argentinos parecem devorar a si mesmos. Desde que comecei a cobrir a política argentina, percebo esse permanente boicote nacional. Todos dizem buscar uma solução para os problemas e querer que o país prospere, mas as tensões sociais e políticas tornam impossível que isso aconteça. Cada governo que chega critica o que o anterior fez, diz ter a resposta certa para todos os problemas, comete erros, e o país dá passos para trás, tornando-se cada dia mais estagnado, sem futuro e sem perspectiva de algum dia voltar a prosperar.

Discutir sobre política é outro dos esportes nacionais. O escritor mexicano Octavio Paz disse, certa vez, que até ver dois argentinos debatendo sobre o tema acreditava que as corridas de touros eram o evento mais apaixonante que existia. A TV e a rádio argentinas estão repletas de programas de debate político, com horas e horas de argumentações, opiniões, ataques e discussões sobre culpas e responsabilidades. Vejo isso há mais de trinta anos, e é incrível perceber que, com tantas horas, anos, décadas de debate, o país não avança. Ao contrário: parece preso em sua própria armadilha.

Uma empresária brasileira que morou vários anos na Argentina me disse que no país é muito difícil mudar estruturas e, essencialmente, mexer no modo argentino de fazer as coisas. E esse modo argentino é grande parte do problema. Relembrando o secretário de Comércio do governo de Cristina Kirchner, que decidia com sua caneta qual produto importado entrava ou não no país, em muitos aspectos a Argentina parou no tempo. Os problemas não se resolvem, e os dramas sociais são cada vez maiores. Em 2023, analistas econômicos estimam que quase 50% dos argentinos são pobres — a taxa oficial de pobreza chegou a 39,2%. Cada vez mais crianças estão fora do sistema escolar, há um enorme número de jovens dependentes de drogas e os casos de desnutrição severa só aumentam.

O que temos, portanto, é um coquetel de péssimas decisões econômicas, mudanças frequentes nas regras do jogo, uma democracia em estado de tensão entre 1930 e 1983 — quando terminou o último governo militar do país —, uma crescente mobilização social e o jeitinho argentino de ser, que se destaca por sua enorme capacidade para discutir, mas escassa eficiência para resolver. Sem mencionar a corrupção, presente na Argentina como em todos os demais países da América Latina.

Para alguns especialistas, o peronismo é o grande culpado, mas, claro, há controvérsias. Alguns brasileiros afirmam que essa perpetuidade do peronismo na política argentina só pode ser entendida no Brasil pensando o que teria acontecido com o país se o getulismo tivesse seguido o mesmo caminho — tese impossível de comprovar. O peronismo é tão dominante na política e na economia argentinas que muitos o comparam a um câncer, que, se não for extirpado, nunca permitirá que a Argentina supere seus problemas. Outra teoria que só poderá ser confirmada no dia em que o peronismo sumir do mapa — se é que isso de fato virá a acontecer. Vale lembrar que, desde a sua redemocratização, a Argentina teve apenas três presidentes não peronistas: Raúl Alfonsín, que entregou o governo seis meses antes de terminar o mandato; Fernando de la Rúa, que renunciou na metade de seu governo; e Mauricio Macri, que não conseguiu se reeleger.

O movimento que surgiu com a bandeira da defesa dos direitos dos mais pobres governa um país a cada dia mais empobrecido em 2023. Algumas cenas são impactantes: o aeroporto metropolitano Jorge Newbery, por exemplo, de onde saem voos domésticos e internacionais — quase todos os que têm como destino o Brasil —, passou a ser ocupado durante a noite por pessoas que não têm onde dormir. Famílias inteiras dormem no chão do aeroporto e até mesmo nos sofás dos cafés.

A O papa Francisco, que desde que se tornou Sumo Pontífice não voltou a seu país, alertou no início de 2023 — para desespero do governo peronista — sobre os altos índices de pobreza argentinos. Em entrevista à agência de notícias Associated Press, Francisco lembrou que no ano de 1955, quando terminou o ensino médio, "a pobreza era de 5%. Hoje, a pobreza está em 52%. O que aconteceu? Má administração, políticas ruins?". O papa colocou o dedo na ferida, porque o que mais dói a um governo peronista é não poder encontrar uma solução para o drama da pobreza, que, nas últimas décadas, se agravou de tal maneira que hoje especialistas como Agustín Salvia, diretor do Observatório da Dívida Social da Universidade Católica Argentina (UCA), uma das fontes mais confiáveis que existem na Argentina em matéria de indicadores sociais, utilizam o termo "pobreza crônica" para designar o flagelo que assola o país.

A nação que foi exemplo de mobilidade social na região e que teve a classe média mais pujante da América Latina hoje exibe uma taxa de pobreza similar à de seus vizinhos. Já ouvi muitos argentinos contarem como no passado uma pessoa pobre conseguia melhorar de vida estudando. Com boas universidades públicas, o país foi exemplo nesse sentido. Muitas pessoas que nasceram em famílias humildes nas décadas de 1950 e 1960 e investiram nos estudos tornaram-se profissionais bem-sucedidos. Isso ficou cada vez mais difícil, e há muitos anos o que se vê na Argentina são pessoas que nasceram pobres e continuam pobres.

A pobreza argentina não é tão visível quanto a brasileira. De acordo com dados de 2022 do Observatório da Dívida Social da UCA, a pobreza na capital do país atinge 12,7%, número bem abaixo dos 46,5% registrados na Grande Buenos Aires. Em alguns distritos dessa região da província mais importante do país, localizados a poucos quilômetros da capital e considerados essenciais para a vitória nas eleições, 74,9% dos moradores vivem abaixo da linha da pobreza. São os argentinos mais marginalizados da sociedade e que dependem de programas sociais de ajuda para sobreviver. Nos bairros populares da província de Buenos Aires, inclusive onde vivem pessoas com trabalhos regulares, formais e informais, a pobreza chega a 50,1%.

Cerca de 37% dos assalariados argentinos e 68% dos não assalariados trabalham no mercado informal. Em média, 46% dos trabalhadores ocupados do país não têm carteira assinada. No panorama geral, isso implica que 50% da força de trabalho têm problemas de emprego.

Em sua declaração, o papa Francisco lembrou uma velha Argentina, na qual, nos bairros populares, era possível ver famílias prosperarem socialmente graças ao trabalho. Em paralelo, o Estado tinha mais recursos para investir em saúde e educação, entre outros serviços públicos. As pessoas superavam a pobreza com trabalho e não dependiam dos programas de ajuda estatal, que hoje sustentam 40% das famílias urbanas argentinas. Sem os subsídios do governo, alguns especialistas em economia estimam que a taxa de pobreza nacional já estaria em 50% — para o observatório da UCA está em 43%, acima dos 39,2% informados pelo governo. Existem variações, que dependem das diferentes metodologias de cálculo, porém há um consenso entre todos os economistas argentinos: a pobreza se tornou crônica no país e o cenário deve piorar. Dos mais de 40% de pobres argentinos, estima-se que entre 10% e 15% sejam pessoas que despencaram da classe média nos últimos vinte anos.

Em 1959, a taxa de pobreza era de 6%. Bastaram alguns anos para que a situação se deteriorasse de maneira expressiva, iniciando um processo que continua até hoje. A Argentina teve hiperinflações nas décadas de 1970, 1980 e no início de 1990. Cada uma dessas crises engrossou a fila de pobres do país. Em alguns momentos, houve recuperação, mas nunca de uma maneira sustentável, e, pouco a pouco, a pobreza foi se tornando crônica, como nos demais países da região.

A fome é uma realidade em um país que teria capacidade para alimentar o mundo inteiro. Em um tuíte postado nos primeiros meses de 2023, o jornalista Dario Aranda, do jornal *Página/12*, escreveu: "Pratos vazios no país produtor de grãos. O preço dos alimentos agrava a pobreza. No país que se vende como o grande produtor de alimentos, cada dia é mais difícil ter acesso a frutas, verduras e carnes". E, para ilustrar o tuíte, um grafite pintado em um muro de alguma cidade do país alardeia: "Insegurança é não saber se poderemos comer".

Um ex-ministro de vários governos peronistas me contou certa vez que costuma ir a debates em sindicatos levando um grão de trigo no bolso. Quando começa sua palestra, diz sempre a mesma coisa mostrando para a plateia o grão: "Nós temos o que o mundo quer, temos a matéria-prima, porém continuamos produzindo como se estivéssemos no século passado. Mas, pensem, temos o mais importante. O resto, basta fazer diferente, fazer melhor".

Esse é o grande desafio da Argentina, porque, de fato, o país tem recursos naturais que poderiam garantir décadas de crescimento e desenvolvimento. Além dos grãos, da carne e de vários outros tipos de alimentos, a Argentina tem minérios, gás, lítio e mais diversas commodities, o que representa um enorme potencial para qualquer país. A questão é como conseguir que investidores estrangeiros confiem numa nação que ficou famosa nas últimas décadas por dar calotes, litigar contra credores internacionais em tribunais norte-americanos, passar por crises econômicas cíclicas, eleger governos instáveis e realizar mudanças permanentes nas regras do jogo.

Quando Macri foi eleito, em 2015, criou-se no país a expectativa de que haveria uma chuva de investimentos estrangeiros. Isso não passou de uma doce ilusão, pois não basta mudar de presidente — a Argentina precisa recuperar a credibilidade perdida, e isso levará décadas. O país tem um problema gravíssimo de falta de confiança, interna e externa. Estimativas de institutos de pesquisas privados indicam que os argentinos têm o equivalente ao PIB do país depositado em bancos no exterior — mais um problema que engrossa a lista de obstáculos ao crescimento, que se soma aos erros econômicos, sobressaltos políticos e entraves nacionais típicos do país, como o poder exagerado dos sindicatos, a tendência ao protecionismo e a dificuldade de modernizar processos.

Macri não só não conseguiu cumprir suas promessas de reduzir a inflação e atrair investimentos estrangeiros como acabou pedindo 44 bilhões de dólares ao Fundo Monetário Internacional (FMI), maior crédito já concedido pela organização. Especula-se que o FMI tenha concedido o financiamento para ajudar o então presidente a se reeleger, o que não aconteceu. Resultado: a Argentina ficou mais pobre e mais endividada. O dólar, outra paixão nacional, disparou, provocando também um aumento da inflação, gerando uma nova crise em meio a todas as outras. Em uma reportagem que fiz em 2022 sobre esse país que anda em círculos, comecei contando a história do vendedor ambulante de abacates Lisandro Hernández, que ainda se revolta ao lembrar o famoso discurso do ex-presidente Eduardo Duhalde (2002-2003) de janeiro de 2002, quando disse aos argentinos que quem tinha depositado dólares no banco receberia dólares. Foi um momento emblemático de uma das crises mais graves da história do país. A desvalorização posterior da moeda e a perda dos dólares economizados provocaram um trauma social profundo, que a crise do governo de Alberto Fernández e sua vice, Cristina Kirchner, reavivou. Vinte anos depois, a Argentina continua às voltas com turbulências econômicas, políticas e financeiras que criam a sensação generalizada de se estar vivendo em um país que não encontra saída.

Lisandro contou que perdeu um emprego com carteira assinada durante a pandemia e, sem um salário fixo, teve de gastar todas as suas economias — um punhado de dólares, claro, guardados dentro de casa. Desde a crise de 2001, os argentinos têm horror a bancos. As pessoas guardam dinheiro, literalmente, debaixo do colchão. Os problemas de Lisandro são os mesmos de milhares de outros argentinos. Seu filho, de 24 anos, emigrou para a Espanha, onde tenta construir uma vida mais estável. Já para Lisandro, aos 58 anos, a alternativa foi conseguir bicos que complementem uma aposen-

38 *Janaína Figueiredo*

tadoria que equivale a cerca de 150 dólares. Sua vida é repleta de angústia e noites de insônia, e não há perspectiva de que as coisas melhorem.

Vinte anos se passaram do tsunâmi que começou com a renúncia de Fernando de la Rúa, em 20 de dezembro de 2001, e a Argentina parece não ter aprendido a lição. Nas palavras do economista argentino Claudio Loser, que naquele momento estava à frente do Departamento do Hemisfério Ocidental do FMI, os políticos continuam gastando como se governassem um país europeu sem serem europeus. É simples na avaliação de Loser, que acompanha estupefato debates nos quais colegas argentinos e americanos vêm defendendo a dolarização da economia: "A Argentina gasta muito e gasta mal".

Poderíamos dizer isso sobre Perón e todos os presidentes que vieram depois dele, peronistas ou não peronistas. É como se os políticos argentinos ainda não tivessem assimilado que o país empobreceu. Depois de mais de setenta anos de crises econômicas cíclicas, algumas mais intensas que outras, a Argentina deu tantos passos para trás que parece impossível voltar a ser o que era nos primeiros anos do século passado.

A partir da década de 1970, as crises foram terremotos: hiperinflações, calotes da dívida externa — que aumentou de forma expressiva durante e depois da última ditadura —, confiscos bancários e desvalorizações permanentes da moeda nacional. O único período em que os argentinos tiveram uma moeda estável foi no governo neoliberal e peronista de Carlos Menem (1989-1999), que implementou a chamada conversibilidade, segundo a qual um peso valia um dólar, uma verdadeira bomba-relógio. Menem, que fez o governo peronista mais de direita da história, conseguiu conter a inflação, mas sair da conversibilidade, dez anos após sua implementação, fez o país viver uma de suas maiores crises políticas e sociais. Foi o pesadelo dos anos de 2001 e 2002.

O que veio depois disso foi um país em crise constante. Há mais de duas décadas, os imigrantes que chegam a Buenos Aires são latino-americanos e, em muitos casos, acabam indo embora. Entre eles, inclusive, há muitos venezuelanos que se instalaram em Buenos Aires depois que o chavismo afundou o país numa crise profunda e adotou uma política sistemática de violação dos direitos humanos, algo impensável na Argentina depois de tudo o que se descobriu, se julgou e se condenou sobre os crimes cometidos pela última ditadura. A Argentina é um país complexo, pobre e que sofre com a violência urbana, como todo o restante da América do Sul, mas nenhum governo, depois de 1983, foi acusado de violar direitos humanos.

Os problemas argentinos são outros. E, por esses problemas, venezuelanos, paraguaios, bolivianos, colombianos e peruanos chegam com uma expectativa que é rapidamente frustrada. Alguns acabam ficando porque gostam de morar no país, mas as vantagens econômicas em relação a seus países de origem são nulas. Muitos venezuelanos fazem planos de rumar para a Europa, cansados de uma América Latina onde não encontram uma vida digna. Muitos até conseguem trabalho na Argentina, mas, em geral, com salários baixos e na informalidade — outro drama local. O grande problema é que o peso, a moeda nacional, está tão desvalorizado que os imigrantes não conseguem poupar para mandar dinheiro para suas famílias. A maioria dos imigrantes latino-americanos ganha mal na Argentina. Muitas mulheres trabalham como manicures, caixas de supermercado, faxineiras e babás. Grande parte delas são venezuelanas formadas em universidades de seu país que chegaram a Buenos Aires dispostas a começar de novo e aceitam ganhar em pesos, abandonar suas carreiras e estar longe de suas famílias com o único objetivo de ajudá-las. O problema é que, com a desvalorização da moeda, a quantidade de dinheiro que podem enviar é cada vez menor. Para os investidores estrangeiros, a Argentina é aquele país no qual não se pode confiar porque as regras do jogo não são estáveis. Um empresário de uma multinacional me confidenciou que foi conversar com o presidente Alberto Fernández para anunciar um investimento de vários milhões de dólares que sua empresa estava prestes a fazer. Ele explicou ao presidente que, para avançar, precisava de garantias mínimas de previsibilidade, já que se tratava da construção de um enorme gasoduto que transportaria gás dentro do país. Fernández ouviu, sem entender muita coisa sobre o projeto, e não respondeu. O pedido da empresa nunca foi atendido. Nesse caso, o projeto de fato saiu do papel, mesmo sem as garantias solicitadas, porém muitos outros são engavetados por falta de previsibilidade, palavra-chave para grandes investimentos em qualquer lugar do mundo.

Mais de sete décadas de desastre econômico e político explicam por que um dirigente de extrema-direita como Javier Milei, admirador de Donald Trump e Jair Bolsonaro, tornou-se um fenômeno político nas eleições legislativas de 2021. Em sua primeira tentativa de se eleger presidente, ele foi o terceiro candidato mais votado na capital do país. Nas eleições presidenciais de 2023, Milei desafia os partidos tradicionais com um discurso antissistema que promete, finalmente, salvar a Argentina do desastre. Muitos jovens, sobretudo nos setores mais humildes da sociedade, acreditam nas palavras de Milei, que diz ser inimigo da casta política e de seus privilégios e ter a resposta para todos os problemas do país. Depois de verem seus avós e pais penarem com os sucessivos desastres cometidos por governos civis e militares, eles veem Milei como uma opção diferente e uma pessoa que pode, finalmente, fazer a Argentina dar certo.

Seu discurso — por momentos, delirante — penetra em um país farto dos fracassos. A extrema-direita global encontrou na Argentina, e com Milei, um campo fértil e promete dar novos contornos ao sistema político local, seja qual for o resultado das eleições presidenciais de 2023.

2

Um pouco de história

Uma das coisas que chamam a atenção dos argentinos quando estudam um pouco da história brasileira é o fato de que o Brasil foi governado por imperadores. Esse é um capítulo da nossa trajetória especialmente diferente quando a comparamos com a da Argentina, que foi apenas mais uma colônia espanhola nas Américas — e longe de ser a mais importante —, tendo conseguido sua independência em 1816. Seis anos antes, em 25 de maio de 1810, a chamada Revolução de Maio marcou o início do processo de emancipação.

Em 1816, o país se tornou uma nação independente, que demorou cem anos para ter sua primeira eleição presidencial pelas urnas. Foi um longo período marcado por guerras civis internas, a elaboração da primeira Constituição, em 1853, e a formação de um Estado independente. Foram anos de disputas entre Buenos Aires e poderes regionais, que, finalmente, levaram à formação da nação argentina. Em 1916, foi eleito presidente Hipólito Yrigoyen, primeiro chefe de Estado que chegou ao poder após a aprovação, em 1912, da lei que criou o voto universal, secreto e obrigatório. Nesse período de um século, o país foi cenário de guerras civis. Com exceção da Guerra do Paraguai (1864–1870), esses conflitos aconteceram entre poderes regionais e o poder central de Buenos Aires.

A Guerra do Paraguai também envolveu Brasil, Uruguai e Argentina. Os três países enfrentaram o vizinho Paraguai — o grande derrotado — em um conflito que foi desencadeado pela luta de interesses que existia entre as nações platinas em pleno processo de formação como Estados independentes. A guerra sempre gerou controvérsias, e, na visão do Brasil, o estopim do conflito ocorreu quando os paraguaios aprisionaram uma embarcação brasileira. Em dezembro de 1864, os paraguaios atacaram o Mato Grosso, e, em maio, Argentina, Brasil e Uruguai selaram o Tratado da Tríplice Aliança. Em 1870, o Paraguai foi oficialmente derrotado na Batalha de Cerro Corá. O país virou uma terra arrasada. Estima-se que entre 100 mil e 150 mil paraguaios tenham morrido na guerra, número amplamente superior ao registrado pelos demais países envolvidos.

A Argentina aliou-se ao Brasil em meio a conflitos internos que conturbaram a vida política dos argentinos até o começo do século xx. Uma a uma, as províncias que decidiram enfrentar Buenos Aires, a mais rica do país até os dias de hoje, foram incorporadas ao Estado nacional que estava sendo formado, marcando a vitória dos unitários, os representantes da capital, sobre os federais, caudilhos provinciais que pretendiam uma independência que nunca tiveram.

Um dos nomes importantes desse período é Juan Manuel de Rosas — que era federal —, um fazendeiro poderoso da província de Buenos Aires que teve enorme influência em todo o país. Rosas dominou a política nacional entre 1829, ano em que assumiu o governo da província, e 1852. Foi um governante autoritário, que perseguiu opositores, censurou a imprensa e contou com o apoio de amplos setores populares e das classes altas portenhas. Rosas foi derrotado em uma disputa com Justo José de Urquiza, governador da província de Entre Ríos que, com a ajuda do Brasil, formou um exército que venceu Rosas em fevereiro de 1852. Foi Urquiza o responsável pela convocação de um congresso constituinte na província de Santa Fé, no qual foi elaborada a primeira Constituição argentina. As disputas, porém, continuaram, e o país só se unificou em 1861 sob o comando de Buenos Aires. O chamado Partido Unitário defendia a centralização do poder em Buenos Aires e o controle do resto do território por parte de um governo central. Já o Partido Federal, integrado pelas lideranças das províncias, queria que existissem poderes regionais, sem controle central. Entre 1852 e 1880, transcorreu o que se chama de processo de organização nacional, marcado pela luta entre os unitários e os federais. Quando as guerras civis finalmente terminaram, nos últimos anos do século XIX, a Argentina se organizou como um país com um poder central e 23 províncias, cuja capital, desde o início, fora Buenos Aires.

A partir desse momento, os sucessivos governos consolidaram o controle do território nacional. Em 1880, chegou ao poder Julio A. Roca, que, seguindo com o projeto de seus antecessores, promoveu um Estado liberal, uma economia agroexportadora e um sistema político conservador, baseado na fraude eleitoral e na exclusão da maioria da população da vida política. O governo central avançou sobre territórios indígenas nas regiões Sul e Norte. Roca, um militar que governou até 1886 e, depois, entre 1898 e 1904, foi o artífice da chamada Conquista do Deserto, um dos episódios fundacionais do Estado argentino, no qual o governo central aniquilou comunidades indígenas de várias regiões, sobretudo na gigantesca Patagônia.

Em sua primeira Constituição, como explicou muito bem o renomado cientista político Natalio Botana, a Argentina estabeleceu um forte poder presidencial, característica que predomina até hoje. A primeira Carta Magna do país também determinou o predomínio de Buenos Aires, sede do poder central, sobre todo o resto do país, com autorização, inclusive, para intervir em outras regiões e decretar o estado de sítio; também dava ao Congresso a faculdade de controlar as instituições do país e impedia a possibilidade de reeleição. A Argentina só teve uma reeleição presidencial no primeiro governo de Juan Domingo Perón, que incluiu essa possibilidade na Constituição de 1949 — posteriormente anulada quando Perón foi derrubado, em 1955. Muitos anos mais tarde, na Constituição de 1994, vigente até hoje, a reeleição foi incorporada.

Como relata o historiador Luis Alberto Romero no clássico *Breve história contemporânea da Argentina*, entre 1880 e 1913 a presença do capital britânico cresceu de forma expressiva no país. Empresas britânicas compraram comércios e bancos e ofereceram financiamento a empresários locais e ao Estado, que, com esses recursos, construiu, entre muitas outras coisas, um sistema ferroviário que chegou a ter 40 mil quilômetros.

Resta pouco dessa época de esplendor, e, nas últimas décadas, algumas cidades literalmente sumiram do mapa pelo desaparecimento de linhas ferroviárias que conectavam o interior da Argentina. Em 2017, a ONG Responde, que estuda as desigualdades sociais no interior da Argentina, mostrou que, naquele momento, cerca de oitocentas pequenas cidades corriam o risco de, no médio e longo prazo, sumir. Visitei uma delas, Castilla, que fica a cerca de 150 quilômetros de Buenos Aires. Em 2001, ela tinha pouco mais de oitocentos habitantes, e no último censo, realizado em 2010, o número caíra para pouco mais de seiscentos. O trem não chega mais à cidade, que tampouco tem ônibus, posto de gasolina, correio ou banco.

Conversei com Santiago Luis Terrile, o prefeito da época, e ele me disse que o maior problema da cidade era a falta de emprego: "Este vilarejo brilhou nas décadas de 1960, 1970 e 1980, quando tínhamos atividades privada, industrial e agropecuária radicadas no país. Hoje se veem os jovens emigrando em busca de trabalho e, do total de nossa população, cerca de 30% são aposentados e 20%, crianças. Metade da população não é economicamente ativa. Não temos um posto de gasolina, um banco, uma agência de correio".

No começo do século passado, a Argentina era outro país. Entre 1892 e 1913, a produção de trigo quintuplicou. De 1850 a 1950, houve uma onda de imigração europeia. Em 1914, a população argentina chegou a 8 milhões de pessoas. A chegada desses imigrantes, vindos, principalmente, da Espanha e da Itália, foi fundamental para a formação da sociedade argentina do século XX. Pouco a pouco, os imigrantes foram se misturando com os chamados *criollos* (argentinos nativos) e formando famílias mistas, que compunham a poderosa elite argentina. Havia mobilidade social em um país de economia pujante.

Nos territórios despovoados do interior, os trabalhadores rurais continuaram, durante muito tempo, sendo majoritariamente nativos. Os chamados *gauchos* (não "gaúchos", como são chamados os habitantes do estado brasileiro do Rio Grande do Sul), palavra que vem da língua indígena quéchua e significa "filho de mãe indígena com um forasteiro", estiveram sempre no mundo rural. Muitos usaram, no passado, o termo *gaucho* como insulto, um sinônimo para filho bastardo.

Os negros têm escassa presença na Argentina. Lembro que essa ausência foi um dos fatos que me chamaram a atenção quando me mudei, ainda criança, para o país. O racismo, como no Brasil, existe e é forte na Argentina, mesmo que neste país a população negra ainda seja pequena. Em 1810, estimava-se que 40 mil pessoas morassem em Buenos Aires e apenas um terço desse total fosse negro. Segundo dados recolhidos no censo realizado em 2010, do total de 44 milhões de argentinos, cerca de 5% são negros. O historiador Felipe Pigna, autor de diversos livros sobre a história argentina e uma referência no assunto, explica que muitos negros que chegaram à Argentina morreram nas guerras da independência e as mulheres se casaram com nativos, gerando uma mistura de raças.

Os negros, que representavam um setor da população com menor acesso à saúde básica, também foram vítimas da epidemia de febre amarela em 1871, lembra Pigna. A Argentina teve escravidão até 1853, quando foi abolida pela primeira Constituição, mas o número de pessoas escravizadas sempre foi muito menor em relação ao que existiu no Brasil. Muitos dos que chegavam ao porto de Buenos Aires acabavam seguindo para as minas de ouro e diamantes do Peru e da Bolívia. Isso explica, principalmente, a diferença em relação ao número de escravizados que existiram naquele momento no Brasil. A Argentina, como vários países da região, recebeu africanos escravizados nos séculos XVIII e XIX, que eram comprados, alugados e até mesmo hipotecados pela elite local. Ter um cativo, na época, era sinal de riqueza e uma forma de investimento.

Nos primeiros anos do século passado, em um país em pleno processo de crescimento, a política também sofria transformações. Nas primeiras décadas do século XX, surgiu a União Cívica Radical (UCR), partido de Yrigoyen e, décadas depois, de Alfonsín e De la Rúa, que logo angariou um imenso número de correligionários. Também tinha peso no cenário político local o Partido Socialista (PS), cujo líder naquele momento era Alfredo L. Palacios, um dos deputados mais importantes da história do partido. O PS tinha, naquele momento, uma boa penetração em sindicatos, sobretudo dos setores ferroviário e naval. Os socialistas argentinos daquela época defendiam reformas graduais e não tinham tanto interesse na luta política pelo poder.

Com o passar do tempo, o sistema político nacional mostrou fraquezas à medida que a mobilização e a politização da sociedade avançavam. Nas eleições de 1916, o programa de governo da UCR estava centrado na plena vigência da Constituição de 1853, no voto universal, secreto e obrigatório, e na transparência. Antes de Yrigoyen, a Argentina teve presidentes que chegaram ao poder por acordos entre setores da elite e que, muitas vezes, recorreram à repressão para sufocar levantes populares. Em 1905, o presidente Manuel J. Quintana reprimiu violentamente uma onda de protestos organizados pelos radicais — como são chamados os membros e militantes da UCR — contra o governo. Esse tipo de ação passou a ser questionado cada vez com mais ênfase por amplos setores da política nacional.

Yrigoyen foi um líder nacional da Argentina, lembrado até os dias de hoje como um democrata, essencial para a construção das bases de uma democracia que, poucos anos depois, começou a viver uma sucessão de golpes de Estado que só teve fim em 1983, com a eleição do também radical Raúl Alfonsín (1983–1989). Depois de Yrigoyen, foi eleito outro radical, Marcelo T. de Alvear, que presidiu a Argentina entre 1922 e 1928. Neste ano, Yrigoyen foi reeleito e ficou no poder até o golpe de 6 de setembro de 1930, o primeiro de uma sucessão de golpes que ocorreram na Argentina no século XX. O golpe contra Yrigoyen buscou devolver o poder às elites civil e militar e enfraquecer os primeiros partidos políticos democráticos do país. A partir daí, iniciou-se o que se chama na Argentina de década infame: o país entrou numa fase de permanente instabilidade política, com momentos de maior e menor intensidades.

O golpe de 6 de setembro de 1930 foi comandado pelo general José Félix Uriburu, que assumiu como presidente interino, cargo exercido até 1932. É importante destacar um fato que é desconhecido até mesmo por muitos argentinos, relatado pelo jornalista Rogelio García Lupo no livro *Últimas Noticias de Perón y Su Tiempo* [Últimas notícias de Perón e seu tempo]: a participação de Juan Domingo Perón. García Lupo conta quem foram os militares que deram o golpe com Uriburu, e entre eles estava um jovem Perón — que anos depois afirmou se arrepender de sua colaboração. O golpe foi obra de um pequeno grupo de conspiradores, que, em todo o momento, tiveram a consciência de ser uma minoria no Exército. No entanto, a história pouco reparou no fato de que menos de 5% dos chefes e oficiais das Forças Armadas participaram do levante contra o presidente Yrigoyen, e que o movimento armado não contou com o apoio da maior parte dos militares na ativa.

48 *Janaína Figueiredo*

Em um relatório enviado ao general Uriburu, o capitão Perón o advertiu sobre os riscos de um eventual fracasso do golpe. A preparação técnica da ação havia sido o resultado da participação de não mais do que uma centena de militares que, a partir de 1921, durante a primeira presidência de Yrigoyen, começaram a armar um complô e formaram uma associação secreta, conhecida como Maçonaria San Martín.

Esses primeiros movimentos de Perón mostraram sua tendência autoritária desde o começo de sua carreira nas Forças Armadas. Depois veremos como o general chegou ao poder pelas urnas, construiu um movimento de massas que continua sendo central na política argentina e melhorou a qualidade de vida dos mais humildes, mas cujo terceiro mandato, na década de 1970, foi marcado pela violência que antecedeu o golpe de 1976. Perón participou de golpes e foi derrubado por golpes. É preciso compreender isso para entender como funciona a cíclica política argentina.

Em 1932, com o poder de Uriburu desgastado, desembarcou na Casa Rosada o também general Agustín P. Justo, eleito nas urnas. O Exército argentino tornou-se, naquele período, um ator-chave da política argentina. Essa influência só terminaria em 1982, com a derrota na Guerra das Malvinas, e se atenuaria a partir da redemocratização do país, em 1983. Tudo o que veio depois, principalmente o julgamento pelas violações dos direitos humanos cometidas durante a ditadura que começou em 24 de março de 1976 e terminou em dezembro de 1983, só acentuou o desprestígio dos militares argentinos, hoje considerados absolutamente irrelevantes para a política nacional. Uma grande diferença em relação ao Brasil, que nunca julgou nem condenou os militares de sua última ditadura.

Se em 1930 as Forças Armadas eram centrais na política nacional, depois de 1982 passaram a ser uma espécie de elemento tóxico, do qual quase nenhum político argentino se aproxima, pois existe a plena consciência de que qualquer relação com os militares terá impacto negativo. Os únicos que desafiam essa lei dos últimos quarenta anos são os representantes da extrema-direita, liderados pelo deputado e candidato presidencial em 2023 Javier Milei, que tem como um de seus braços direitos a advogada Victoria Villarruel, também deputada, defensora de militares da última ditadura (seu pai foi militar e atuou no governo ditatorial que durou de 1976 a 1983) e

¿QUÉ PASA, ARGENTINA? 49

que foi escolhida como sua companheira de chapa. Milei promete voltar a Argentina aos anos de ouro, à riqueza, e acabar com os políticos, peronistas e não peronistas, que "roubaram o país e condenaram milhões de argentinos a viverem na pobreza". Um de seus motes é enfrentar o que ele chama de "casta política", uma classe que ele diz ser privilegiada e que é a grande responsável pela decadência e pela pobreza da Argentina. Esse discurso penetrou com uma enorme força numa sociedade que, de fato, está profundamente decepcionada com os partidos tradicionais, peronistas e não peronistas.

Mas, voltando a 1930, Uriburu e seus aliados abominavam a democracia. O movimento que derrubou Yrigoyen defendia a instalação de um regime político corporativo, fechado e repressor. Falava-se em anticomunismo e ingerência negativa de capitais estrangeiros, e se pedia a volta de uma sociedade quase colonial, não contaminada pelo liberalismo, na qual o catolicismo fosse dominante.

A grande depressão econômica global de 1929 afetou a Argentina, assim como todos os países da região. Os preços dos produtos agrícolas caíram nos mercados internacionais, e o déficit fiscal, um problema que se agravou década após década e é uma das maiores dores de cabeça de qualquer governo que passa pela Casa Rosada, se instalou na agenda econômica nacional. A Argentina começou a gastar mais do que tinha, um erro que muitos países cometem em algum momento, mas que, no caso argentino, é recorrente, o que levou o país ao atoleiro em que está metido há décadas. Nos anos 1930, depois de um longo período de abertura, a economia argentina começou, pela primeira vez, a se fechar. Paralelamente, o Estado passou a intervir mais na economia.

O golpe de 1930 trouxe de volta práticas de fraude eleitoral, corrupção e autoritarismo. A desconfiança das elites em relação ao sistema democrático se impôs, e a população embarcou na onda dos golpistas — como aconteceu em todos os demais golpes até 1976. As eleições entre 1931 e 1937 foram marcadas por irregularidades: candidatos vetados, manipulação de votos e abstenção de partidos, entre eles a UCR, que se negavam a participar dos pleitos. Nesse período, governaram a Argentina os generais José Félix Uriburu (1930–1932), Agustín P. Justo (1931–1938), Roberto M. Ortiz (1938–1940) e Ramón S. Castillo (1940–1943). O autoritarismo foi dominante nessa época, tanto nos governos civis como nos militares. No golpe de 1930, o general Uriburu disse aos argentinos que "notificamos [ao governo que estava no poder] que eles já não contam com o apoio das Forças Armadas [...]. E notificamos também que não vamos tolerar manobras e comunicações de última hora pelas quais pretendam falar um governo repudiado pela opinião pública, nem manter no poder resíduos do conglomerado político que está estrangulando a República". A justificativa do golpe deixou claro que os militares argentinos estavam dispostos a tudo para sufocar o sistema democrático. Foi a primeira de muitas insurreições.

No instante em que Yrigoyen foi banido do poder pelos militares, o país vivia momentos difíceis do ponto de vista social e econômico. O custo de vida havia aumentado, e os salários não acompanhavam esse crescimento. A migração de trabalhadores do campo para a cidade deu novos contornos ao mundo social e sindical, incorporando jovens com menos experiência na luta por melhores condições de trabalho. Nesse contexto, o golpe de 1930 representou um enorme retrocesso para a Argentina e, sobretudo, para a classe trabalhadora. É importante registrar isso, porque, treze anos mais tarde, o peronismo surgiria com força, justamente com o apoio crucial dos trabalhadores.

Em 4 de junho de 1943, o governo de Castillo foi derrubado por um golpe organizado pelo Grupo de Oficiais Unidos (GOU), ao qual pertencia Perón e era dominado por militares católicos e ultraconservadores. No começo, o GOU se dedicou a recrutar jovens oficiais, e um de seus objetivos era impedir uma revolução comunista na Argentina. O grupo também era contrário a que o país cedesse às pressões, sobretudo dos Estados Unidos, para escolher um lado na Segunda Guerra Mundial.

O livro de García Lupo também aborda a dita relação entre o peronismo e o nazismo, repleta de suspeitas e especulações. Em 1939, foi atribuída a Adolph Hitler a ideia de povoar a Patagônia. As versões sobre os planos de Hitler para ocupar essa região rica em recursos naturais alcançaram seu auge em 1941, quando o então presidente dos Estados Unidos, Franklin D. Roosevelt, apresentou, em Washington, um mapa elaborado em Berlim, supostamente obtido por meio de agentes nazistas, que mostrava os novos limites da América do Sul. O documento previa como ficaria a região após a esperada vitória dos alemães na Segunda Guerra. García Lupo assegura que o mapa não era verdadeiro, como tampouco foram diversas histórias que circularam naqueles anos sobre operações nazistas na América do Sul. No entanto, esses boatos serviram para justificar a diplomacia de Washington em relação à Argentina durante os governos de Ortiz e Castillo.

Naquela época, muitos jornalistas importantes dos Estados Unidos e do Reino Unido passaram por Buenos Aires para investigar as conexões entre a Argentina e o nazismo. Um dos mais famosos foi Sherry Mangan, enviado pela revista *Fortune* à capital argentina em março de 1941. Em uma de suas reportagens, Mangan escreveu: "Os Estados Unidos abandonaram a tal ponto a neutralidade e estão tão nitidamente ligados ao nacionalismo da Grã-Bretanha que não conseguem compreender a neutralidade e o nacionalismo autêntico de outras nações". Na mesma reportagem, o jornalista afirma que os argentinos achavam graça quando alguém dizia que os americanos os defenderiam de Hitler e pondera que "o argentino comum entende que as bases [militares norte-americanas] não terão como alvo a Alemanha, e sim a Argentina". O que Mangan percebeu em sua visita a Buenos Aires foi que os Estados Unidos, na visão dos argentinos, estavam mais preocupados em ampliar sua influência no país do que com a suposta presença nazista em seu território. Nesse aspecto, pouco mudou desde então.

O que realmente aconteceu foi que figuras de peso do nazismo se esconderam na Argentina após a derrota de Hitler na Segunda Guerra. Há até mesmo diversos filmes sobre o assunto, como *Operação final*, que retrata a captura de Adolf Eichmann, orquestrada pela inteligência de Israel, o Mossad. A obra é baseada em uma história real ocorrida em 1960, quando Eichmann, que havia se instalado na província de Buenos Aires e trabalhava, com uma identidade falsa, em uma fábrica, foi identificado, detido, levado para Israel e julgado como um dos responsáveis pelo Holocausto. Outros nazistas se instalaram no sul do país.

Em 1943, um novo golpe sacudiu a Argentina. Depois dele vieram os mandatos dos generais Pedro Pablo Ramírez e Edelmiro J. Farrell. Em ambos, o coronel Perón foi figura de proa e acumulou poder e apoio popular. A ascensão de Perón começou com sua designação como diretor nacional do Trabalho, em outubro de 1943. O general transformou o que era uma pasta sem importância na poderosa Secretaria de Trabalho e Previsão. Aliado a socialistas e sindicalistas, Perón começou a construir sua doutrina — que está longe de ser uma ideologia, como veremos no capítulo sobre o peronismo — sustentada na justiça social e no controle da classe trabalhadora e dos sindicatos. O contato com os sindicatos foi essencial, e como ministro Perón aprovou medidas históricas, entre elas a criação do salário-mínimo e do décimo terceiro salário.

Em janeiro de 1944, um terremoto causou uma grande tragédia na província de San Juan, no norte da Argentina, onde Perón organizou toda a operação de ajuda social aos afetados. Embora existam outras versões desse primeiro encontro, acredita-se que foi durante esse período, em um evento organizado no estádio Luna Park, um dos mais tradicionais do centro de Buenos Aires, para ajudar as vítimas do terremoto, que Perón conheceu a atriz Maria Eva Duarte, que se tornaria, pouco tempo depois, Evita Perón, sua grande companheira e figura histórica e de culto do peronismo até os dias de hoje. Perón era viúvo e, em uma sociedade profundamente conservadora, assumiu sua relação com uma mulher que era filha ilegítima e trabalhava como atriz. Evita rapidamente se tornou peça-chave do movimento político liderado por seu companheiro, com quem se casou em 22 de outubro de 1945 em uma cerimônia simples e sem alarde.

Um pouco antes, em julho de 1944, Perón havia assumido a vice-presidência da Argentina, mantendo a direção do Ministério de Guerra e o comando da Secretaria de Trabalho e Previsão. Ele já era um dos homens mais poderosos da política argentina. A tensão aumentava no país, e partidos políticos, entre eles a UCR, pediam a saída do governo militar. Perón fortalecia seu movimento político de massas, fato que incomodava, e muito, os militares que estavam no poder.

Finalmente, em outubro de 1945, o então poderoso general Perón cede às imensas pressões internas e renuncia. Após realizar um discurso inflamado a favor das classes trabalhadoras, é preso, num episódio confuso da história argentina. O general sabia que sua popularidade causava mal-estar no governo e que a possibilidade de uma detenção era real. O argumento oficial do governo militar foi de que a vida de Perón corria perigo, e por isso ele deveria ser detido. Durante vários dias, o general esteve na ilha Martín García, muito próxima a Buenos Aires — onde ainda pode ser visitada a casa em que ele viveu durante esse período. Na histórica jornada de 17 de outubro daquele ano, data desde então conhecida como Dia da Lealdade Peronista — um dos feriados nacionais da Argentina —, milhares de pessoas saíram às ruas de Buenos Aires para pedir a libertação de seu líder. Foram momentos que marcaram para sempre o futuro da Argentina e a presença de Perón como um grande líder nacional. O general, já em liberdade e acompanhado por Evita e um grande número de colaboradores, venceu as eleições presidenciais de fevereiro de 1946 e governou o país até ser derrubado por um golpe, em setembro de 1955, orquestrado pela chamada Revolução Libertadora. Contudo, em 1946, em sua primeira eleição presidencial, Perón, ao contrário do que muitos pensam, não obteve uma vitória esmagadora, mas apenas 10% de vantagem em relação ao segundo colocado. Como explica Romero, "Perón venceu, mas o peronismo ainda deveria ser construído".

Os dois primeiros governos de Perón selaram o destino da política argentina. Sua política social é lembrada e defendida até hoje. Perón e Evita são amados e odiados com a mesma intensidade e, juntos — até que Evita faleceu de câncer, aos 33 anos em 1952 —, construíram um movimento político poderoso, que sobreviveu a golpes, exílios forçados (a partir de 1955, Perón passou dezoito anos sem pisar na Argentina), crises econômicas e mutações. Sim, o peronismo muda o tempo todo e, até agora, sempre conseguiu ressurgir das cinzas.

Com uma narrativa antiamericana, o novo presidente, criador da doutrina da "terceira posição", distante tanto do comunismo como do capitalismo, manteve relações com a União Soviética e com Washington. Em termos econômicos, a guerra e suas posteriores consequências afetaram as exportações agropecuárias argentinas. A produção interna também caiu, entre outros motivos, pelas tensões entre Perón e os produtores do agronegócio, que eram vistos como opositores políticos do governo que deviam ser combatidos. Com o mundo em uma situação adversa para a Argentina — tensões com os EUA e a Europa em processo de recuperação pós-guerra —, Perón optou por impulsionar o mercado interno e defender o pleno emprego, as bandeiras principais de seus dois primeiros governos. O país tinha divisas, acumuladas durante os anos prósperos da guerra, e começou a gastar mais do que produzia. Como afirma Romero, a política peronista se caracterizou por uma forte participação do Estado na economia. Empresas foram nacionalizadas — sobretudo as de capital britânico — e outras nasceram naquele período, entre elas a companhia aérea Aerolíneas Argentinas. O Banco Central também foi nacionalizado por Perón.

Evita teve um papel central no governo de seu marido, primeiro como secretária de Trabalho e, no segundo mandato, como vice-presidente. A relação entre Perón e os sindicatos foi um dos pilares do governo, e, até hoje, os sindicatos argentinos estão vinculados, em sua grande maioria, ao peronismo. Em paralelo, Evita comandou uma fundação que contou com recursos do Estado e doações e foi a peça central da política social dos dois primeiros governos peronistas. No Centro Cultural Néstor Kirchner, localizado no centro de Buenos Aires, estão expostos itens que pertenceram à fundação de Evita, entre eles móveis e objetos, como brinquedos, que a líder peronista doava a comunidades carentes.

Na visão de Perón, o Estado comandava a economia, garantia uma boa qualidade de vida a todos os argentinos e era o âmbito no qual todos os problemas do país deveriam ser debatidos e resolvidos. Rompeu-se a concepção do Estado liberal, e a Argentina se aproximou de modelos como os de Benito Mussolini, na Itália, e Lázaro Cárdenas, no México. Houve uma reestruturação das instituições republicanas, a desvalorização dos espaços democráticos e representativos, personificados em enormes tensões com a imprensa e opositores, e a subordinação dos poderes constitucionais ao Executivo, como atesta Romero. O historiador também lembra que nos dois primeiros governos peronistas o Legislativo foi "formalmente respeitado, mas esvaziado de conteúdo real".

A situação começou a se complicar em 1949 com a perda de mercados internacionais para produtos como carnes e cereais. O desenvolvimento do país o tornou mais dependente das importações. A Argentina passou a sofrer uma sangria de divisas, que levou a uma crise de reservas no segundo governo de Perón. A inflação começou a ser um problema nacional, chegando a 60% ao ano. Tudo isso obrigou o presidente a fazer um giro radical, eliminando subsídios aos setores populares — foi suspenso, por exemplo, o congelamento do valor dos aluguéis —, arrecadando capitais estrangeiros e fazendo um apelo para que os argentinos reduzissem o consumo interno, o exato oposto do que fizera em seu primeiro governo.

O país começou a viver ciclos de instabilidades econômicas e políticas e enfrentou, ainda, uma terrível seca nos anos de 1951 e 1952 — a primeira de várias ao longo das últimas décadas. Com a situação social mais vulnerável e um governo com enorme concentração de poder, Perón enfrentou resistências internas e tentativas de levantes militares e, em 1952, decretou o "estado de guerra interno", que lhe deu ferramentas para perseguir opositores dentro das Forças Armadas.

No mesmo ano, o presidente, junto com Evita, sua companheira de chapa, foi reeleito com 64% dos votos, na primeira eleição em que as mulheres participaram na Argentina. A morte de Evita, pouco depois, teve um impacto tremendamente negativo no governo e deixou um vazio difícil de superar. Em seus três últimos anos de mandato, Perón teve uma conduta errática e abriu frentes de conflito que selaram seu destino. Um de seus principais alvos foi a Igreja. As autoridades eclesiásticas do país não aprovavam, entre outras iniciativas, a ingerência do peronismo em setores sociais por meio de obras de beneficência e da organização de estudantes de ensino médio, onde eram difundidas as bases do peronismo. Já o governo questionava a relação entre a Igreja e os sindicatos. Era, em essência, uma disputa de poder.

Perón foi derrubado em setembro de 1955 pela Revolução Libertadora, liderada por militares apoiados por grupos católicos e setores da elite. Em 20 de setembro daquele ano, o presidente banido do poder se refugiou na embaixada do Paraguai, em Buenos Aires, e pouco depois rumou para o exílio, que durou dezoito anos — desse total, foram doze anos na Espanha após passar por Paraguai, Panamá, Nicarágua, Venezuela e República Dominicana. A Argentina entrou numa fase conturbada, de governos militares e civis. Após a queda de Perón, assumiu o poder o militar Eduardo Lonardi, que ficou menos de um ano no governo. Depois veio Pedro E. Aramburu, também militar, que governou o país entre 1955 e 1958. O general Aramburu foi o mais forte promotor da cruzada para eliminar o peronismo da política. O partido fundado por Perón foi dissolvido, e a Central Geral dos Trabalhadores (CGT), até hoje um dos principais sindicatos do país, foi alvo de uma intervenção estatal. Muitos dirigentes sindicais e políticos foram presos, e os peronistas eram perseguidos em todos os âmbitos da sociedade. Foram proibidas quaisquer propagandas favoráveis ao peronismo e, até mesmo, a simples menção do nome do ex-presidente, chamado por seus adversários de "tirano foragido". A Constituição de 1949, elaborada no primeiro governo de Perón, foi revogada.

Em termos econômicos, a moeda foi desvalorizada para favorecer as exportações agropecuárias em busca do equilíbrio das contas externas — algumas coisas nunca mais mudaram. A Argentina entrou no FMI e no Banco Mundial, conseguindo, pela primeira vez, ajuda externa de organismos internacionais de crédito. Os sindicatos perderam poder, e a situação social continuou se deteriorando. Do exterior, Perón continuou influenciando e sendo respeitado por dirigentes sindicais. O ex-presidente nunca deixou de ocupar um lugar relevante na política nacional, mesmo que seu nome não pudesse ser mencionado em público.

A política argentina passou por uma etapa de reorganização, e um nome surgiu como alternativa para setores de esquerda, progressistas e defensores de um nacionalismo popular: Arturo Frondizi, da UCR, eleito presidente em 1958 e derrubado, novamente, por um golpe militar em 1962, realizado, entre outros motivos, pela aproximação do então presidente com a esquerda latino-americana e, em seu país, com o peronismo. Muitos membros do partido de Perón (o Partido Justicialista) se aliaram a Frondizi, que, após selar um acordo com o próprio Perón, que despertou a desconfiança dos militares, se opôs à perseguição de dirigentes peronistas. Essa aliança provocou um racha na UCR, criando um embate entre os membros do partido que defendiam Frondizi — e, por consequência, o peronismo — e a ala radical antiperonista, alinhada com os militares. Em seu livro de memórias, Oscar Camilión, que era próximo a Perón e, décadas depois, foi um alto funcionário do governo de Carlos Menem (1989–1999), no qual ocupou a pasta da Defesa, afirma que Frondizi buscou o pacto com Perón por uma razão pragmática, basicamente pela necessidade de obter uma vitória nas urnas. Frondizi precisava de apoio nos setores populares, nos quais Perón sempre foi forte e dominante. Um acordo com Perón, por outro lado, desativava a oposição do peronismo, que, em governos não peronistas, sempre foi um fator de desestabilização. Perón e Frondizi nunca tiveram simpatia um pelo outro, mas o general costumava dizer que o líder da UCR podia ser um adversário, mas nunca um inimigo. Os dois líderes se falavam por meio de intermediários. Houve encontros no Chile e na Venezuela, entre outros locais escolhidos por ambas as partes. Foi selado um pacto de compromisso entre eles. Perón pediu medidas a favor dos trabalhadores, a recuperação dos sindicatos e a permissão para que os peronistas pudessem voltar a atuar na política. A ideia de Frondizi, confirmada pelo próprio, era que essa aliança possibilitasse que seu governo fosse uma frente unida e contasse com a presença de amplos setores políticos e sociais. Para o peronismo, o acordo foi uma estratégia de sobrevivência política. Em 3 de fevereiro de 1958, Perón deu uma coletiva de imprensa na República Dominicana, onde estava exilado naquele momento, pedindo votos para Frondizi vinte dias antes das eleições daquele ano. O governo de Frondizi é lembrado como exemplo de uma tentativa de desenvolver a economia argentina, naquele momento já mergulhada em delicados problemas financeiros e sociais. Esse desenvolvimento foi impulsionado pelo capital estrangeiro e por acordos com organismos internacionais como o FMI. Frondizi, porém, terminou sendo uma grande decepção para os que apostaram em seu projeto de país, sobretudo os peronistas. As Forças Armadas nunca confiaram no presidente por ele ter se aproximado do peronismo para obter votos, por ter um passado ligado à esquerda — em 1961, Frondizi recebeu em Buenos Aires o líder da revolução cubana Ernesto Che Guevara — e por defender um capitalismo progressista. Durante seu mandato, Frondizi sofreu mais de cinquenta ameaças de golpe.

Uma vez no poder, Frondizi não cumpriu parte dos compromissos assumidos com o peronismo — por exemplo, não autorizou a volta de Perón ao país. Em 1959, a aliança que o levou ao poder no ano anterior se rompeu. Frondizi realizou mudanças drásticas em sua política econômica e autorizou os militares a perseguirem opositores. Estima-se que no período final do mandato de Frondizi a Argentina tenha tido cerca de 4 mil presos políticos.

Após o golpe, o governo foi assumido pelo então presidente do Senado, o radical José María Guido, que teve um governo tutelado pelos militares.

Nas eleições de 1963, foi eleito o radical Arturo Illia, que anulou contratos petroleiros, causando mal-estar entre a elite empresarial, e aumentou os investimentos em saúde e educação. As campanhas contra Illia, um presidente que era visto como fraco e sem iniciativa, foram constantes, e em 18 de junho de 1966 um novo golpe interrompeu um governo democrático na Argentina.

Entre 1966 e 1973, o país foi governado por três militares: Juan Carlos Onganía, Roberto Levingston e Alejandro Agustín Lanusse. Foi um período de repressão e fuzilamento de opositores. A Argentina passou a ter uma Doutrina de Segurança Nacional, como já acontecia em muitos outros países — no Brasil, inclusive —, que estabeleceu parâmetros para a atuação contra inimigos internos, percebidos como subversores da ordem. Essas doutrinas, elaboradas e postas em prática pelas Forças Armadas, se inspiravam nas visões estratégicas da Guerra Fria entre Estados Unidos e a antiga União Soviética. O comunismo era identificado como a principal ameaça. Em muitos países, essas doutrinas foram usadas para justificar violações dos direitos humanos. Contudo, esse também foi um tempo de reação, de mobilizações populares como o Cordobazo, ocorrido no final da década de 1960 na província de Córdoba, uma rebelião popular e dos movimentos de trabalhadores contra o então governo militar. As pressões foram percebidas pelo governo, e com Lanusse foi instituído o Grande Acordo Nacional (GAN), que convocou eleições populares nas quais candidatos peronistas puderam participar — embora Perón ainda estivesse cassado. O acordo foi conseguido por meio de rebeliões nas ruas e das pressões dos partidos políticos atuantes no país. Os militares ficaram acuados e terminaram cedendo.

Em março de 1973, Héctor Cámpora, o homem escolhido por Perón para representar seu movimento, venceu as eleições. Em sua posse, estiveram presentes presidentes da esquerda latino-americana daquele momento, entre eles o chileno Salvador Allende, que naquele mesmo ano seria derrubado e assassinado no golpe dado por Augusto Pinochet. A volta de Perón ao país foi marcada pela violência. Dezenas de pessoas morreram no dia em que os seguidores do ex-presidente foram recebê-lo no aeroporto internacional de Ezeiza, em junho de 1973, após Cámpora anular a cassação imposta pelos governos militares. O episódio ficou conhecido como Massacre de Ezeiza e até hoje é considerado um divisor de águas no peronismo, movimento que, naquele momento, estava cindido entre setores moderados e radicalizados,

¿QUÉ PASA, ARGENTINA? 59

de direita e esquerda. As tensões internas eram evidentes, e Perón, que faleceu em 1974, não soube unificar o peronismo.

Depois de vencer as eleições de 23 de setembro de 1973 com 62% dos votos com sua terceira esposa, María Isabel Martínez, chamada por todos de Isabelita, como companheira de chapa, Perón enfrentou delicados problemas de saúde e faleceu em 1º de julho de 1974 de insuficiência cardíaca, entre outras complicações.

Foi o começo de um período nefasto para a política argentina. Décadas depois, quando era perguntado sobre o golpe que aconteceu menos de dois anos após a morte de Perón em 24 de março de 1976, um dos ministros do então governo, Antonio Cafiero, conta a respeito de uma conversa que teve com um general da residência oficial de Olivos pouco depois da morte do presidente. Ele disse a Cafiero que não havia dúvidas sobre qual seria o futuro do país. Ingenuamente, Cafiero acreditava que o general se referia à posse da vice-presidente, Isabelita. Esse, porém, era um aviso antecipado do golpe que se seguiria, que começou a ser organizado em março de 1975. Controlada por José López Rega, o homem de confiança de Perón em seu exílio na Espanha e após seu retorno à Argentina, a frágil e inexperiente Isabelita assumiu o poder e permitiu que o país se transformasse num território dominado pela violência. López Rega, conhecido como "o bruxo" por causa das práticas esotéricas das quais era adepto, liderava a chamada Tríplice A (Aliança Anticomunista Argentina), que perseguiu e assassinou líderes sindicalistas e de esquerda. Paralelamente, a economia do país se descontrolou mais uma vez. A crise global de 1973 teve um grande impacto interno, e as tensões políticas tornaram o governo de Isabelita inviável.

Houve, então, mais um golpe. Para muitos, este foi considerado o pior de todos, contando com amplo apoio civil. Foi a pedra fundamental de um período de escuridão na Argentina. Entre 24 de março de 1976 e 1983, durante o governo dos militares Jorge Rafael Videla, Roberto Viola, Leopoldo Galtieri e Reynaldo Bignone, o país viveu em clima de terror absoluto. Com o apoio de grandes grupos econômicos, organismos internacionais e governos estrangeiros, os militares aniquilaram a oposição, deixando um saldo, segundo organizações de defesa dos direitos humanos, de 30 mil desaparecidos. Centros clandestinos de torturas foram instalados por todo o país.

Um dos mais importantes, por onde se calcula que tenham passado mais de 5 mil presos políticos e de onde teriam saído os voos da morte — nos quais pessoas eram atiradas vivas ao mar —, foi a Escola de Mecânica da Marinha, transformada mais tarde em Museu da Memória.

A derrota da Argentina na guerra contra o Reino Unido pela soberania das Ilhas Malvinas, em 1982, selou o fim da ditadura. A situação social e econômica era caótica, com dramas nacionais como inflação fora de controle e endividamento externo crescente. Os militares não só mataram, roubaram e se apropriaram de filhos de mulheres desaparecidas — muitas também foram estupradas durante os períodos em que estiveram presas —, como também deterioraram ainda mais os problemas econômicos do país.

O desastre nas Malvinas, que deixou mais de seiscentos soldados argentinos mortos, acelerou o final do regime militar. O país estava mergulhado em uma gravíssima crise econômica, com a inflação nas nuvens, entre outros problemas, e a guerra tinha sido vista pelos militares como a chance de recuperar apoio popular. A derrota no conflito contra o Reino Unido — em condições militares muito inferiores à do inimigo — significou a perda da última oportunidade que o governo militar tinha de evitar o fim de uma ditadura sanguinária e que, em termos de desenvolvimento, entregou péssimos resultados. A Argentina estava, seis anos depois do golpe, mais pobre e mais endividada.

Em dezembro de 1983, em uma eleição histórica para todos os argentinos, o radical Raúl Alfonsín foi eleito presidente e teve a coragem, em meio a permanentes tensões e ameaças, de permitir o julgamento da Junta Militar que comandou a ditadura após o golpe de 1976. Também criou a Comissão Nacional sobre o Desaparecimento de Pessoas (Conadep). Em 1985, figuras de peso do governo militar como o ex-presidente Jorge Rafael Videla e o almirante Emilio Massera foram condenados e encarcerados. Massera estava à frente da Armada e foi, segundo confirmaram os depoimentos de presos políticos sobreviventes, um dos oficiais que apresentaram maior envolvimento na repressão a opositores. Os argentinos ouviram, pela primeira vez, depoimentos de presos políticos que haviam sobrevivido, uma história relatada no filme *Argentina, 1985*, que concorreu ao Oscar de Melhor Filme Internacional em 2023. Alfonsín sofreu tentativas de levantes militares, todas sufocadas, e terminou, por fortes pressões, promovendo as polêmicas leis de Obediência Devida e de Ponto Final, promulgadas em 1986, que estabeleciam a paralisação dos processos judiciais contra os militares envolvidos em crimes da ditadura. Esse retrocesso seria revisado e corrigido anos depois no governo do peronista Néstor Kirchner (2003–2007).

Foram anos intensos para o país, e a política de direitos humanos de Alfonsín, reconhecida no mundo inteiro, conviveu com turbulências econômicas, greves dos principais sindicatos do país e uma hiperinflação que obrigou o então presidente a antecipar em seis meses sua saída do poder. O peronismo, que perdera a eleição de 1983 diante da força da campanha de Alfonsín, que associou o movimento de Perón à violência das décadas anteriores, voltou ao poder com Carlos Menem (1989–1990), o peronista mais de direita, segundo reconhecem ex-ministros de seu governo. Menem indultou os chefes de militares condenados em 1985, abriu a economia argentina, privatizou empresas estatais, aderiu ao Consenso de Washington e estabeleceu o que ele mesmo chamou de "relações carnais" com os Estado Unidos. O Consenso de Washington está baseado nas premissas do neoliberalismo, que defendem a abertura da economia e a redução do Estado na atividade econômica. São premissas orientadoras, pregadas pelos organismos internacionais de crédito a partir da década de 1980. Os primeiros dois anos do mandato foram duros, com a inflação ainda nas nuvens, mas tudo melhorou a partir de 1991 com a chegada de Domingo Cavallo ao Ministério da Economia e a implementação do Plano de Conversibilidade, que atrelou o peso ao dólar e terminou — não para sempre, como saberíamos depois — com 45 anos de altas taxas de inflação na Argentina. O "Menemato" também foi um período de escandalosa corrupção, crise da indústria nacional diante de um modelo neoliberal que abriu a economia argentina ao mundo, endividamento externo e perdão aos militares da ditadura.

A Argentina continuava andando em círculos, e crises piores viriam pouco tempo depois.

3

PERONISMO, CRISE E EXTREMA-DIREITA

A ADVOGADA JULIETA FERNÁNDEZ, de 42 anos, nasceu em uma família peronista. Sua avó, já falecida, costumava lhe dizer que, nos anos em que Juan Domingo Perón governou a Argentina com uma participação ativa de sua segunda esposa, Evita Perón, caminhões passavam pela porta de sua casa e atiravam sapatos para famílias humildes. Para a avó de Julieta, aquela era uma lembrança feliz. Para sua neta, a imagem simboliza a visão que o peronismo tem do povo. Ela explica: "A bandeira da assistência social é usada para controlar seguidores e construir com eles uma relação de dependência".

Desde pequena, Julieta decidiu que não queria aquilo para sua vida. Conseguiu estudar, ter uma carreira, e, nos últimos anos, começou a militar na oposição política ao governo da aliança Frente de Todos, de Alberto Fernández e Cristina Kirchner, que mantém os ideais peronistas e chegou ao poder em dezembro de 2019. Quando está em campo, trabalhando com algum candidato da oposição, fica surpresa ao ouvir as opiniões de seguidores de Cristina, atual vice-presidente, que governou o país entre 2007 e 2015. Em meio a dezenas de denúncias de corrupção — e uma condenação já confirmada pela Justiça —, Julieta ouviu pessoas dizerem: "Cristina roubou, sim, mas tenho certeza de que um dia ela devolverá tudo ao povo".

A conexão dos militantes peronistas com seus líderes é considerada religiosa por cientistas políticos. Na época de Perón e Evita, seus seguidores tinham fotos do casal presidencial em suas casas — em alguns casos, altares. Muitas mulheres que nasceram nas décadas de 1940 e 1950 se chamam Eva em homenagem à grande líder feminina do peronismo. A figura de Evita é essencial para entender o culto ao peronismo. Ela virou mito e, setenta anos após sua morte, continua sendo mencionada em discursos de lideranças peronistas.

A trajetória de Evita é digna de uma novela. Ela chegou aos quinze anos na capital, vinda do interior da província de Buenos Aires para realizar o sonho de ser atriz. Trabalhou no cinema, no teatro e na TV, e em 1943 conheceu o general Perón, na época um dos homens poderosos da política local. Como companheira, esposa e primeira-dama do fundador do Partido Justicialista, Evita, que em 1951, já doente, renunciou à candidatura a vice-presidente do país, tornou-se uma peça central do movimento. As mulheres argentinas votariam pela primeira vez em 1952, e as pressões para que Evita integrasse uma chapa Perón-Perón foram fortes, mas ela abriu mão dessa possibilidade num discurso histórico, realizado em 1951:

> Tenho apenas uma e grande ambição pessoal: que de mim se diga, quando for escrito este capítulo maravilhoso que a história certamente dedicará a Perón, que houve ao lado dele uma mulher que se dedicou a levar esperanças ao povo, cujos sonhos Perón transformou em belíssimas realidades, e que essa mulher era chamada carinhosamente pelo povo como Evita — nada mais do que isso.

Ao criar a Fundação Eva Perón, ela construiu a base do projeto de ajuda social do peronismo e se aproximou do povo. Os admiradores do movimento que a viram em ação falam de Evita quase como uma santa, que dedicou sua vida a ajudar os pobres — que ela chamava de "descamisados". Seus críticos sempre a acusaram de ser autoritária e ambiciosa. Em paralelo a seu trabalho social, Evita enfrentou tensões com a Igreja e a elite argentina, que questionavam os métodos políticos peronistas e se preocupavam com o controle exercido nas camadas mais humildes da sociedade. A morte de Evita causou comoção nacional e a eternizou como um mito.

Na Argentina existem muitas ruas, hospitais e movimentos sociais criados em homenagem à líder máxima do peronismo de todos os tempos. Sua vida já virou filmes, um deles estrelado por Madonna. Inspirada nos discursos políticos de Evita, a música "Don't cry for me Argentina" [Não chores por mim, Argentina], escrita por Tim Rice, com arranjos de Andrew Lloyd Webber, fez de Evita um símbolo da Argentina no mundo. Mas Evita nunca pronunciou essa frase. A música foi escrita em meados na década de 1970 e está presente em todos os musicais sobre Evita desde então. A primeira a cantá-la foi Julie Covington, que a gravou em um álbum lançado em 1976, e a primeira a interpretá-la em um musical foi Elaine Paige. Mais tarde, a música pôde ser ouvida nas vozes de Olivia Newton-John, Sinéad O'Connor e Madonna. Em Buenos Aires, existem bares e restaurantes que alimentam o culto a Perón e Evita. Um deles é o Perón Perón, um dos mais frequentados, espécie de museu peronista, com fotos, altares e inscrições em suas paredes como "O peronismo apaixona". Em 2022, foi montado na capital argentina um parque temático peronista, no bairro de Palermo, que fez bastante sucesso entre seguidores do movimento.

O nome de Evita continuou sendo usado com frequência nas décadas seguintes à sua morte. Uma das filhas do ex-presidente peronista Eduardo Duhalde (2002–2003) se chama María Eva. Sua mãe, a ex-primeira-dama Hilda Beatriz González de Duhalde, conhecida por todos na Argentina como Chiche Duhalde, foi uma das mais devotas seguidoras de Evita. Quando seu marido era governador da província de Buenos Aires, Chiche criou o movimento das *manzaneras*, grupos de mulheres que circulavam pelas ruas para ajudar famílias carentes e, na visão de críticos como Julieta, controlar o território governado pelo peronismo.

Desde a década de 1940, o peronismo é dominante na política argentina. Ser contra ou a favor do movimento define o cidadão politicamente. A política nacional gira em torno do legado peronista, seus êxitos e fracassos. O líder histórico do movimento era militar, participou de golpes de Estado, foi eleito presidente nas urnas e governou o país três vezes (1946–1955, período no qual teve dois mandatos, e 1973–1974), e suas posições políticas variaram de acordo com as circunstâncias que teve de enfrentar.

O veterano peronista Felipe Solá, ex-chanceler do governo Fernández e ex-funcionário de vários governos peronistas, explica que o peronismo não é ideológico, mas doutrinário. O peronismo já foi de direita e de esquerda e pode ser de centro se for necessário. O movimento criado por Perón pode ser contra capitais estrangeiros ou privatizar as principais empresas estatais do país. Pode fazer acordos com o Fundo Monetário Internacional ou pagar todas as dívidas do país e defender que organismos internacionais não tenham mais ingerência na Argentina. O peronismo é, apontam especialistas, pragmatismo na veia.

Um peronista dirá que a doutrina nunca muda. E qual é essa doutrina, até hoje defendida por todos os peronistas, de todas as facções que convivem dentro do movimento? Como explicou o próprio Perón em 1950, a doutrina é composta por vinte "verdades", reunidas posteriormente em seu livro *Filosofia peronista*, no qual afirma que:

> A filosofia justicialista [o nome formal do partido por ele fundado é Partido Justicialista] desenvolve uma concepção sobre o homem, a natureza, a história, o Estado, o poder. Trata-se de uma filosofia da periferia e, portanto, desqualificada por ser inferior, bárbara e até mesmo inexistente.

As vinte verdades do peronismo determinam, entre outras coisas, que:

- A verdadeira democracia é aquela na qual o governo faz o que o povo quer e defende apenas o interesse do povo.
- O peronismo é essencialmente popular. Todo círculo político é antipopular e, portanto, não peronista.
- Na nova Argentina de Perón, o trabalho é um direito que cria a dignidade do homem e um dever, porque é justo que cada um produza pelo menos o que consome.
- Para um peronista não pode existir nada melhor do que outro peronista.
- Quando um peronista começa a se sentir mais do que é, torna-se um oligarca.
- Na ação política, a escala de valores de todo peronista é a seguinte: primeiro a pátria, depois o movimento e depois os homens.
- Os dois braços do peronismo são a justiça social e a ajuda social.
- Na Nova Argentina, os únicos privilegiados são as crianças.

- Um governo sem doutrina é um corpo sem alma. Por isso, o peronismo tem uma doutrina política, econômica e social: o justicialismo.
- Como doutrina econômica, o justicialismo realiza a economia social, colocando o capital a serviço da economia e a economia a serviço do bem-estar social.

Essa doutrina é defendida até os dias de hoje, mas o peronismo foi variando com o tempo. O movimento, como costuma-se dizer na Argentina, vai para o lado que o vento sopra. Em 1959, com Perón banido do poder e no exílio por causa do golpe de 1955, o peronismo apoiou a Revolução Cubana de Fidel Castro. Quando vivia na Espanha, Perón se reuniu com Ernesto Che Guevara, o argentino que se uniu aos revolucionários cubanos. Nos dezoito anos em que esteve fora do país, Perón, como explica o historiador Felipe Pigna, promoveu a guerrilha peronista, pois naquele momento o objetivo era derrubar governos militares. Quando finalmente retornou ao país, em 1973, o líder do movimento se afastou da esquerda, sobretudo da ala armada — o principal movimento era a guerrilha Montoneros —, e fez um giro à direita. "Perón usa a esquerda e a guerrilha peronista para voltar ao poder e depois se descola desses movimentos", assegura Pigna.

Em seus dois primeiros governos, o então presidente Perón adotou métodos autoritários, reprimiu a oposição e censurou a imprensa — tudo em nome do que ele definia como sua luta contra a oligarquia. Eram os anos em que ele se inspirava em movimentos fascistas europeus e também quando manteve um vínculo muito próximo com Getúlio Vargas, como conta o jornalista e escritor Rogelio García Lupo no livro *Últimas noticias de Perón y su tiempo*. Essa conexão, confirmam especialistas brasileiros, incomodava profundamente a direita no Brasil. "Vargas mantinha um vínculo direto com Perón, pelo menos desde 1943, quando os militares assumiram o poder em Buenos Aires. Seu amigo Júlio César Vieira visitava Perón em sua casa e depois escrevia relatórios pontuais dos projetos que [Perón] levaria adiante". Em outro trecho do livro, García Lupo escreve que "a relação entre Vargas e Perón despertava suspeitas no governo dos Estados Unidos". A queda de Vargas, em 1945, estressou a relação bilateral. Perón pensava numa união entre Brasil, Chile, Bolívia, Peru e Argentina, e seus projetos preocupavam o Departamento de Estado.

A volta de Vargas à presidência, em 1950, impulsionou a parceria entre os dois países. Um dos que ajudaram os dois líderes a manterem uma relação estreita nos anos em que Vargas esteve longe do poder foi João Goulart, que visitava com frequência a Casa Rosada, levando recados de Vargas para Perón. Os contatos entre os dois líderes sempre foram realizados por intermediários, que podiam ser políticos ou até mesmo jornalistas. Era uma parceria política, estratégica e, em alguns casos, eleitoral. García Lupo afirma que Vargas e Perón:

> se respaldaram mutuamente, designaram delegados secretos de extrema confiança pessoal, trocaram favores econômicos discretos e concluíram seus governos convencidos de que sua intenção de construir um eixo regional entre os dois países tinha sido uma das causas de seus finais dramáticos: Vargas se suicidou em 1954, Perón foi violentamente derrubado quase em seguida, em 1955.

No livro, o jornalista argentino lembra que o acadêmico brasileiro Luiz Moniz Bandeira dizia que, "assim como Perón usava Vargas como modelo, Vargas aparentemente se animou com a experiência de Perón". Em seu livro, García Lupo lembra, ainda, como Perón pensou em formar uma união aduaneira entre Argentina, Brasil, Chile, Bolívia e Peru, projeto que despertou a desconfiança dos Estados Unidos e foi observado de perto. O projeto nunca saiu do papel, mas Perón e Vargas tiveram uma aliança importante para a época, que incluiu ajuda financeira do argentino às campanhas do brasileiro. Pouco antes das eleições que devolveram o governo a Vargas, o chefe de gabinete militar do Brasil denunciou que sua campanha eleitoral estava utilizando fundos vindos da Argentina. A vitória de Vargas foi celebrada na Casa Rosada.

O peronismo foi próximo ao varguismo, anos depois girou à esquerda e, com Perón de volta ao país, na década de 1970, à direita. "Perón nunca quis violência", frisa Solá, mas o fato é que na década de 1970 o peronismo de direita perseguiu opositores de esquerda e houve prisões e fuzilamentos. Militantes veteranos como Solá atribuem a responsabilidade desse período violento a uma figura nefasta do último governo do general: José López Rega, conhecido como "o bruxo". "López Rega usou a idade avançada de Perón para cometer atrocidades", afirma Solá. Essa mesma figura foi decisiva no governo de Isabelita Perón, que assumiu o governo após a morte do marido, em julho de 1974. Finalmente, em 24 de março de 1976, com López Rega já fora do país, um novo golpe militar — o último — derrubou o governo de Isabelita e instalou uma das ditaduras mais sanguinárias que a América Latina viveu entre as décadas de 1970 e 1980. Nesse momento, o peronismo sofreu uma derrota histórica e só voltou ao poder em 1989, com Carlos Menem, que governou a Argentina entre 1989 e 1999. O desastre do governo de Isabelita — marcado por ondas de violência descontrolada e caos na política e na economia — arrastou o país para uma ditadura tenebrosa, que chegou com o apoio de amplos setores da sociedade civil.

Apesar dos erros cometidos por governos peronistas — que tiveram momentos de crescimento e esplendor e outros de crise econômica severa —, algumas ideias estão profundamente instaladas no imaginário da sociedade argentina, entre elas a de que um governo não peronista tem poucas chances de sucesso. Muitos, de fato, não conseguiram completar seus mandatos. Desde a redemocratização, em 1983, o único presidente não peronista que conseguiu concluir seu governo na data prevista foi Mauricio Macri (2015–2019). Raúl Alfonsín, primeiro presidente do atual ciclo democrático pós-ditadura, renunciou seis meses depois de assumir em meio a hiperinflação, greves e protestos. Fernando de la Rúa, presidente que chegou ao poder depois dos dez anos de governo do peronista Menem, renunciou ao cargo na metade do mandato, mergulhado numa crise econômica e após um dia inteiro de forte repressão a protestos populares que deixou mais de trinta mortos nas ruas de Buenos Aires.

Muitos se perguntam como teria sido a situação durante a pandemia de covid-19 se o presidente não tivesse sido peronista. Teria sido derrubado ou pressionado a renunciar? Nunca saberemos. O presidente peronista Alberto Fernández, empossado em 10 de dezembro de 2019, aplicou uma das quarentenas mais rígidas da região — quatro meses de isolamento absoluto — e enfrentou apenas a resistência enfraquecida de partidos da oposição. Sindicatos e movimentos sociais aderiram sem pensar duas vezes à proposta do governo. As reações vieram muito depois, com escândalos sobre festas na residência oficial de Olivos durante a quarentena e privilégios de vacinação para amigos dos mandachuvas do partido.

O peronismo conta com um controle social da população que nenhum outro partido político conseguiu ter até agora. Seu problema são as divisões internas, que começaram quando Perón ainda era vivo. As facções peronistas vivem uma permanente guerra pelo controle do movimento, desde 2019 protagonizada por Fernández e Cristina. Houve momentos em que o peronismo se uniu — e neles, em geral, foi imbatível. Mas as coisas estão mudando. O movimento fundado por Perón tem perdido força, e alguns começam a especular sobre seu futuro.

O peronismo pode desaparecer? Isso ainda parece ser algo difícil de acontecer. O que poderia surgir seria uma divisão permanente de suas alas antagônicas, e esse poderia ser o começo do fim do peronismo tal como é conhecido há oitenta anos. Segundo Felipe Solá, é pouco provável que o peronismo morra, mas ele poderá acabar mudando como aconteceu com outros movimentos políticos no mundo. O partido sempre reuniu cerca de 40% dos votos do país.

O peronismo se dividiu muitas vezes e sempre voltou a se unificar. Enquanto esteve vivo, Perón foi o líder onipresente e jamais questionado por seus seguidores. Sem Perón, o partido passou por várias crises e perdeu a primeira eleição pós-ditadura, em 1983. Foram necessários alguns anos e uma profunda crise econômica para que surgisse um novo nome de peso dentro do partido — Carlos Menem. Essa foi, segundo muitos peronistas como Solá, a época em que um governo peronista mais flertou com a direita. Menem privatizou empresas estatais, abriu a economia, atrelou o peso ao dólar para conter a hiperinflação e teve o que ele chamou de "relações carnais" com os Estados Unidos. As ideias menemistas não morreram, mas Menem nunca teve reconhecimento dentro do movimento. Talvez isso se explique pelos escândalos de corrupção em que se envolveu.

A Argentina manteve o modelo de um país que importava mais do que exportava. O endividamento já era um problema grave: economistas estimam que durante o governo de Menem o país pagasse 1 milhão de dólares por hora em juros da dívida. O desemprego subiu de 8% em 1989 para 17%

em 1995. Mesmo assim, Menem conseguiu se reeleger — muitos acreditam que a misteriosa morte de seu filho, Carlitos, em março de 1995 num suposto acidente de helicóptero, o favoreceu —, mas seu segundo governo deixou muito a desejar.

Em 1999, o peronismo perdeu as eleições presidenciais para a aliança formada pela tradicional UCR e a Frente País Solidário (Frepaso) com a candidatura de Fernando de la Rúa, que prometeu "a Argentina dos nossos sonhos". O país ficou afastado do peronismo por dois anos, e confirmou-se a tese de que um presidente não peronista sempre enfrentará sérios problemas de governabilidade.

Os dois anos de governo de De la Rúa foram desastrosos do começo ao fim. Foi exatamente nesse período que me tornei correspondente do jornal *O Globo* em Buenos Aires. A crise começou a ficar evidente em março de 2001. Lembro-me de que tirei uma semana de férias e fui para uma praia no Caribe. Tomei o cuidado de só viajar quando o governo mudou o ministro da Economia, achando que assim teríamos um período mais tranquilo. Grave erro. Saiu José Luis Machinea e entrou Ricardo López Murphy, um economista ortodoxo e liberal, presente até os dias de hoje em alianças políticas antiperonistas. Quando me preparava para retornar à Argentina, recebi a notícia de que López Murphy havia durado apenas duas semanas e que um novo ministro da Economia tinha assumido. Domingo Cavallo, que havia sido ministro de Menem e o criador da chamada convertibilidade que atrelou o peso ao dólar, fora chamado de volta ao Ministério da Economia para tentar botar ordem na casa. Tudo o que veio depois foi um caos sem fim — incluindo um escândalo de corrupção por pagamento de subornos no Congresso envolvendo o presidente Fernando de la Rúa e seu gabinete, acusados de terem oferecido propinas a senadores para aprovar uma lei de reforma trabalhista. O caso foi investigado pela Justiça e, anos depois, De la Rúa foi absolvido. Contudo, naquele momento, as denúncias provocaram a renúncia do então vice-presidente, Carlos Chacho Álvarez. Sua saída do governo marcou o início de uma crise política que, somada à crise econômica, financeira e social, levou à renúncia de De la Rúa na metade de seu mandato, em 20 de dezembro de 2001.

Com a eterna problemática da falta de divisas que se arrastava desde a década de 1940 e com os organismos internacionais dando as costas para a

Argentina, Cavallo acabou confiscando depósitos bancários e precipitando a queda de De la Rúa. Nada do que esse governo fez deu certo, o que facilitou sua saída abrupta do poder. A dívida externa foi renegociada e novos acordos foram realizados com o FMI, mas a Argentina já havia perdido a confiança do mundo. De la Rúa renunciou em 20 de dezembro de 2001 e abandonou a Casa Rosada de helicóptero, uma imagem que ficou gravada na mente de todos os argentinos, deixando um rastro de trinta mortos, vítimas da repressão policial aos protestos contra o governo. Ministros de De la Rúa contaram mais tarde que seus filhos lhes telefonaram naquela noite perguntando se ainda faziam parte de "um governo que estava matando gente nas ruas". A gestão de De la Rúa é lembrada como um dos maiores fracassos da história da Argentina democrática.

Anos depois, o ex-presidente disse ter sido acuado pelo peronismo, pelos organismos internacionais, pelos sindicatos e outras instituições. Entrevistei De la Rúa em seu escritório de advocacia do centro de Buenos Aires alguns anos após o final precipitado de seu governo e me lembro de ter saído de lá com a impressão de que o ex-presidente não tinha, de fato, a força necessária para governar um país tão difícil como a Argentina. Ele era confuso, se perdia em suas próprias explicações e, o que mais me impactou, tinha uma enorme dificuldade em fazer autocríticas.

Em 2002, a Argentina saiu da pior maneira possível do sistema de paridade entre o dólar e o peso, com sua moeda caindo em um processo de desvalorização que se somou a um confisco bancário e a uma crise econômica e social catastrófica. A taxa de pobreza superou os 50%. A Argentina era uma terra arrasada. Os supermercados sofriam saques, e a volta do peronismo ao poder, como ocorreu outras vezes, foi a solução encontrada pelo sistema político. Como De la Rúa não tinha vice-presidente — já que Chacho Álvarez renunciou após as denúncias de supostos subornos a parlamentares (e o cargo ficou vago, como determina a Constituição) —, três peronistas passaram pela presidência argentina (Ramón Puerta, Adolfo Rodríguez Saá e Eduardo Camaño), até que Eduardo Duhalde, que havia sido vice de Menem e governador da província de Buenos Aires, finalmente foi eleito pelo Congresso em janeiro de 2002 e conseguiu formar um governo viável. Todos os presidentes que passaram pela Casa Rosada depois da renúncia de

De la Rúa chegaram ao cargo pela linha de sucessão estabelecida na Constituição argentina de 1994. A Carta Magna determina que, sem vice, em caso de renúncia do chefe de Estado assume o presidente do Senado, que, na época, era Puerta. Como estabelece o artigo 2º da Lei nº 20.972, Puerta convocou, num período de 48 horas, uma Assembleia Legislativa para eleger um presidente. Assim, em 23 de dezembro de 2001, essa junta escolheu Rodríguez Saá, governador da província de San Luis, por 169 votos a favor e 138 contra. No mesmo momento, foram convocadas eleições presidenciais para o dia 3 de março de 2002.

O peronista Rodríguez Saá ficou famoso por ter anunciado em seu discurso de posse o calote da dívida pública argentina. As tensões sociais nas ruas continuaram, e Rodríguez Saá terminou renunciando por falta de respaldo político. Sua passagem efêmera pela Casa Rosada terminou da pior maneira possível. O então presidente estava reunido com membros de seu gabinete na residência presidencial de Chapadmalal, no balneário de Mar del Plata, a quatrocentos quilômetros de Buenos Aires, e, em meio a protestos e disputas políticas, fugiu escondido numa caminhonete até o aeroporto, onde pegou um avião até a província de San Luis. De lá, anunciou sua renúncia. Pouco depois, Puerta renunciou à presidência do Senado, e seu sucessor no cargo, Camaño, assumiu a presidência do país em 31 de dezembro de 2001. Foi convocada, assim, uma nova Assembleia, que, em 1º de janeiro de 2002, elegeu Duhalde como chefe de Estado por 262 votos a favor e apenas 21 contra. Duhalde governou a Argentina até maio de 2003, quando Néstor Kirchner assumiu.

É preciso compreender esse pano de fundo para entender em que contexto surge o kirchnerismo em 2003. Néstor e Cristina Kirchner não eram líderes carismáticos, mas surgiram num momento em que o país estava em um buraco profundo. Assim, qualquer pequeno sinal de recuperação era visto como um grande feito. E, como a economia argentina de fato deu indícios de melhora durante o início do mandato de Néstor graças ao boom do preço das commodities no mundo, muitos argentinos acreditam até hoje que com os Kirchner se vivia melhor.

O peronismo, como aponta a escritora Claudia Piñeiro, autora de romances best-sellers em seu país e séries de TV, com seguidores em toda a

América Latina, "não é racional, mas sentimental. É um movimento de reconhecimento de classe que olhou, desde o começo, para os mais humildes como iguais". E essa característica explica, em grande medida, porque ele anulou a esquerda na Argentina. "A esquerda nunca decolou por causa da existência do peronismo. Hoje, vemos um crescimento da esquerda em algumas províncias porque o peronismo está em baixa." O peronismo nunca foi a favor da legalização do aborto, e Cristina Kirchner, muito menos. Tampouco defendeu o casamento gay. Mas foi em governos peronistas que essas conquistas sociais foram alcançadas, porque, como explica Claudia, "o peronismo sobe no barco quando a batalha já está quase ganha. A lei que legalizou o aborto foi conquistada nas ruas, pelos movimentos sociais. O peronismo simplesmente aderiu a ela".

Em janeiro de 2002, Duhalde comandou a presidência num período de transição, que durou menos de dois anos, até a chegada dos Kirchner ao poder. Fora da Argentina, há uma impressão de que o kirchnerismo é um peronismo de esquerda, porém essa questão não é tão simples. O kirchnerismo é uma facção do peronismo. Antes das eleições de abril de 2003, Néstor Kirchner era um desconhecido para a grande maioria dos argentinos. Nesse pleito, muitos imaginaram que Menem retornaria ao poder. O então ex-presidente venceu o primeiro turno, mas tudo indicava que, no segundo turno, graças à sua alta taxa de rejeição, seria derrotado por Kirchner, outro peronista. Na Argentina, uma eleição se ganha no primeiro turno com 45% dos votos, ou 40% e uma diferença superior a dez pontos percentuais em relação ao segundo colocado. Certo de que perderia, Menem renunciou à candidatura, e Kirchner assumiu o poder com apenas 22% dos votos. O peronismo primeiro se dividiu para depois se unir, e assim nasceu o kirchnerismo.

Néstor, então governador da província de Santa Cruz, na Patagônia, e sua esposa, a senadora Cristina Kirchner, apoiaram políticas do governo de direita de Menem, um líder que foi muito popular enquanto estava no poder, sobretudo em seu primeiro mandato. Porém, anos depois, foi questionado por muitos, entre eles os Kirchner, pelos escândalos de corrupção e por ter implementado uma política econômica que causou enorme dano aos industriais — grandes e pequenos — do país.

O kirchnerismo emergiu como força dominante dentro do peronismo no momento em que a América Latina se voltava para a esquerda, com governos mais inclinados a essa direção no Brasil, na Venezuela, no Uruguai, no Equador, na Bolívia e no Chile. Néstor e Cristina, que militaram na Juventude Peronista, surfaram essa onda. Kirchner foi a Brasília se reunir com o então presidente Luiz Inácio Lula da Silva. Eles não se conheciam. Nesse primeiro encontro, de acordo com fontes que testemunharam a reunião, Kirchner ficou impactado com Lula — sobre quem pouco sabia — e decidiu aliar-se ao presidente brasileiro, na época um líder já reconhecido no mundo. Kirchner, pelo contrário, era um dirigente que nem sequer os argentinos conheciam muito bem. Antes de assumir a presidência, ele havia sido governador da província de Santa Cruz, na fria e distante Patagônia. Esse desconhecimento permitiu a Kirchner construir uma narrativa adaptada aos tempos que se viviam na região.

Os Kirchner viraram à esquerda, se aproximaram de Lula e do venezuelano Hugo Chávez, e, em seu país, adotaram a bandeira da defesa dos direitos humanos. Representantes de organizações que lutavam pela punição dos crimes da ditadura contam que, na época em que Kirchner era governador de Santa Cruz (de 1991 a 2003), pouco se interessava pela pauta, chegando a recusar reuniões com integrantes das Mães e Avós da Praça de Maio, organização símbolo da resistência ao regime militar. Mas tudo isso mudou em 2003. O presidente fez gestos históricos, como tirar o retrato do general Reynaldo Bignone, figura de proa da ditadura que governou a Argentina entre 1976 e 1983, da galeria de quadros do Colégio Militar. O ato ocorreu em 24 de março de 2004, aniversário do golpe de Estado. Depois veio a anulação das leis de anistia — as leis de Obediência Devida e de Ponto Final — do governo Alfonsín, decisão que abriu as portas para que centenas de militares fossem julgados pelos crimes cometidos durante a ditadura. Depois do histórico julgamento de 1985, em que foram condenadas as figuras mais importantes da Junta Militar que assumiu o comando do país após o golpe, Alfonsín sofreu enormes pressões e acabou aprovando leis de anistia que Kirchner, muitos anos depois, revogou. Estima-se que, desde 1985, cerca de 1.124 militares argentinos do país foram condenados pela Justiça pelas violações dos direitos humanos cometidas durante a ditadura. Os processos continuam correndo em tribunais de toda a Argentina, sendo um exemplo para a América Latina e para o mundo.

Esse tipo de iniciativa fez de Kirchner um líder peronista apoiado pela esquerda, defendido por organizações de direitos humanos e que passou para a história do país, na visão do kirchneristas, como o chefe de Estado que mais fez pelos direitos humanos. Para muitos, essa avaliação representa uma enorme injustiça em relação aos feitos de Alfonsín, numa época em que as Forças Armadas ainda eram uma ameaça à democracia. O kirchnerismo criou o feriado de 24 de março, data que lembra o golpe de Estado de 1976, e, na opinião de seus críticos, apropriou-se de uma data nacional, gerando desde então uma divisão na sociedade argentina. Nesse dia, em 2023, foram realizadas uma marcha kirchnerista e uma marcha de movimentos sociais que não eram ligados ao kirchnerismo. Os kirchneristas defendem a visão de que a punição dos crimes da ditadura começou com a chegada dos Kirchner ao poder. Outros partidos e movimentos sociais reconhecem que muito foi feito antes da era Kirchner, sobretudo o julgamento da Junta Militar responsável pelo golpe de 1976, realizado em 1985.

Um dos momentos emblemáticos da guinada à esquerda da América Latina foi a cúpula organizada para discutir a criação da Área de Livre Comércio das Américas (Alca), em 2005, no balneário argentino de Mar del Plata, a quatrocentos quilômetros de Buenos Aires. Lá estiveram Kirchner, Lula e Chávez, e o trio conseguiu enterrar para sempre o projeto dos Estados Unidos, naquele momento defendido pelo presidente George W. Bush, que pretendia que seu país liderasse uma grande área de livre comércio no continente. Para os EUA, era um projeto estratégico, pensado, principalmente, para ampliar o mercado para produtos americanos. Fui a Mar del Plata como enviada do jornal *O Globo* e me lembro das articulações entre os três presidentes para impedir que a Alca avançasse. Chávez convocou um ato em um estádio de futebol da cidade e lá lançou a campanha *"Alca al carajo"*. Foi a sentença de morte da Alca, um tapa na cara de Bush.

Essas alianças renderam bons frutos ao kirchnerismo. Depois de dar um calote na dívida externa no início do século XXI, o país ficaria de fora do sistema financeiro internacional, a menos que pagasse taxas de juro altíssimas. A Venezuela de Chávez, como fez com outros países, socorreu a

Argentina dos Kirchner com empréstimos que lhes permitiram superar a crise financeira que haviam herdado. Em 4 de agosto de 2007, dias antes da visita de Chávez a Buenos Aires, o empresário venezuelano Antonini Wilson, que tinha viajado num avião com funcionários kirchneristas oriundo de Caracas, tentou entrar na Argentina com 800 mil dólares não declarados em uma mala. Cristina Kirchner, naquele momento primeira-dama do país, estava em campanha para as eleições presidenciais de outubro. O caso ficou conhecido como "o escândalo da mala de Antonini Wilson" e foi parar nos tribunais dos Estados Unidos, onde o empresário confirmou que o dinheiro seria destinado à campanha de Cristina. Em outubro de 2021, o ex-chefe de inteligência militar venezuelano Hugo Carvajal revelou que o governo de seu país injetou 21 milhões de dólares na campanha eleitoral de Cristina Kirchner. Carvajal fez essa declaração em um tribunal espanhol, já que ele havia sido detido na Espanha. Os kirchneristas negam tudo.

Depois dos quatro anos de governo de Néstor, Cristina foi eleita presidente em 2007 com 45,28% dos votos. A dinastia Kirchner governou o país entre 2003 e 2015, com um governo de Néstor, falecido em outubro de 2010 depois de um ataque cardíaco, e dois de Cristina — reeleita em 2011. Os primeiros anos foram marcados pela recuperação econômica, pela construção de uma ampla base de apoio popular e, pouco a pouco, por um modelo de concentração de poder de perfil autoritário. O kirchnerismo lida mal com as críticas, e uma de suas características, já presente na época em que Kirchner era governador de Santa Cruz, é a dificuldade de conviver com uma imprensa independente. Nos governos de Cristina, a cruzada contra o grupo Clarín, um dos conglomerados de mídia mais importantes da Argentina, foi feroz.

Durante esse período, a Argentina voltou a crescer, a pobreza diminuiu e a inflação esteve durante muito tempo controlada — ainda que em meio a denúncias de manipulação das estatísticas oficiais do país —, mas, em paralelo, e segundo denunciaram promotores do Ministério Público argentino, foi construída a maior matriz de corrupção já vista na história do país. Em 2015, quando o kirchnerismo finalmente perdeu as eleições presidenciais para Mauricio Macri, a crise econômica era grave: a inflação estava alta, a moeda, desvalorizada, e a pobreza escalava. Ao mesmo tempo, casos de corrupção começaram a ser descobertos — alguns deles, de maneira escandalosa. Em

14 de junho de 2016, o ex-funcionário kirchnerista José López foi flagrado jogando sacolas de dinheiro num convento da província de Buenos Aires. Fui até o convento e conversei com policiais que estavam na porta cuidando do local, que virou atração turística na cidade de General Rodríguez, a pouco mais de cem quilômetros de Buenos Aires. Guardar dinheiro em espécie é uma marca registrada do kirchnerismo. Quando visitei a província de Santa Cruz, em 2011, antes da reeleição de Cristina, conversei com vários ex--colaboradores dos Kirchner e de todos ouvi o mesmo relato: Néstor tinha obsessão por dinheiro e escondia sua fortuna em casa e nos lugares mais inusitados. Na ocasião, fiquei hospedada no hotel Los Sauces, propriedade dos Kirchner, sem dizer que era jornalista. É um dos mais luxuosos de El Calafate, na Patagônia, onde a família tem vários outros hotéis e propriedades.

Uma das peças-chave do esquema de corrupção kirchnerista é o empresário Lázaro Báez, que, quando Kirchner chegou ao poder, em 2003, era funcionário do Banco de Santa Cruz. Com Néstor e Cristina na Casa Rosada, Báez montou uma das empresas de construção mais favorecidas em licitações de obras públicas e se tornou um magnata. Para muitos, o dinheiro de Báez era, na verdade, dos Kirchner, mas isso nunca foi provado. Um fato que chama a atenção é que Báez construiu o mausoléu onde o ex-presidente está enterrado, em Rio Gallegos, capital da província de Santa Cruz.

Depois de deixar o poder, em 2015, Cristina passou a enfrentar várias investigações judiciais. Alguns dos casos envolveram, também, seus filhos, o deputado Máximo Kirchner e a cineasta Florencia Kirchner, que ficou com a saúde profundamente abalada nos últimos anos.

A história dos Kirchner é a de uma família dominada pelo poder e pelo dinheiro e rodeada de mistérios e tragédias — incluindo uma fracassada tentativa de assassinato de Cristina em 2022. Na Argentina, há diversos boatos em torno da morte de Néstor, alguns deles envolvendo até mesmo o nome de Cristina como uma possível assassina. Também se especula sobre as razões pelas quais seu caixão foi mantido fechado durante o velório. E, claro, há várias lendas sobre as malas de dinheiro que muitos acreditam que os Kirchner espalharam por todo o país.

Em dezembro de 2022, com Cristina como vice-presidente do peronista Alberto Fernández, eleito em 2019, a Justiça, três anos depois de ter iniciado investigações sobre o envolvimento de Cristina em irregularidades cometidas durante o seu governo e o de seu marido em licitações de obras públicas, a condenou a seis anos de prisão e à inelegibilidade perpétua para cargos públicos pelo delito de fraude contra o Estado, prática ilegal considerada corrupção. O empreiteiro Lázaro Báez também foi condenado.

Para os promotores do Ministério Público, o casal Kirchner instalou e alimentou, no mais alto posto da administração pública nacional, um dos maiores esquemas de corrupção já vistos na história da Argentina. Já Cristina disse ser vítima de um "pelotão de fuzilamento" e passou a integrar o grupo de políticos latino-americanos que denunciam casos de *lawfare* — ou seja, batalhas judiciais instauradas com motivações políticas —, apoiada, entre outros, pelo Grupo de Puebla — criado em 2019 e integrado por políticos da região, incluindo até alguns ex-presidentes — e por líderes como Lula, no Brasil; José "Pepe" Mujica, no Uruguai; Ernesto Samper, na Colômbia; José Luis Rodríguez Zapatero, na Espanha; e Rafael Correa, no Equador. Para os kirchneristas, a denúncia do *lawfare* é essencial porque mantém viva a ideia de que Cristina é inocente.

Os governos de Cristina Kirchner também foram marcados por episódios traumáticos para a sociedade argentina, como a morte do promotor federal Alberto Nisman em janeiro de 2015. Dias antes, o promotor anunciara sua decisão de denunciar a então presidente por um suposto pacto com o Irã para acobertar funcionários do governo do país supostamente envolvidos no atentando terrorista à Associação Mutual Israelita Argentina (Amia), em 1994, que matou 85 pessoas. Nisman apareceu morto no banheiro de seu apartamento, e os motivos de sua morte nunca foram esclarecidos. Cristina, para alguns de seus adversários, teve envolvimento nesse suposto assassinato. As relações da Argentina com o Irã foram boas durante os governos de Cristina. Em 2012, o presidente Mahmoud Ahmadinejad disse, em declarações à rede CNN, que seu país tinha "uma excelente relação com a Argentina" e afirmou, ainda, ter "um grande respeito" pela presidente. Em 2013, os dois governos assinaram um memorando de entendimento, aprovado pelo Congresso argentino, estabelecendo a criação de uma Comissão da Verdade sobre o atentando à Amia, que deveria ser integrado por cinco juristas internacionais. O acordo determinava, ainda, que a Justiça argentina poderia interrogar no Irã cinco dos oito acusados pelo ataque terrorista, todos ex-funcionários do governo iraniano. Com esse entendimento, Cristina rompeu uma tradição argentina de condenação ao regime iraniano, decisão que foi duramente questionada por seus opositores e que levou Nisman, dois anos depois, a acusar a então presidente de ter selado um suposto pacto de impunidade com o governo iraniano. Em 2021, Cristina foi absolvida pela Justiça depois de uma longa investigação sobre a denúncia de Nisman. Finalmente, quando ela já era vice-presidente do governo de Alberto Fernández, os tribunais locais determinaram que a ex-presidente não havia acobertado ex-funcionários iranianos.

Os três governos dos Kirchner foram marcados por momentos de recuperação da economia — sobretudo nos dois primeiros; melhora da situação social com base em programas estatais e subsídios; concentração de poder; tensões com a imprensa e com o Judiciário; alianças com a esquerda latino-americana; e denúncias de corrupção. Sair do kirchnerismo, em 2015, não foi tão simples para a oposição. O candidato escolhido por Cristina, o ex-vice-presidente e ex-governador da província de Buenos Aires, o peronista Daniel Scioli (que esteve em todos os governos peronistas desde Menem), perdeu por muito pouco para Mauricio Macri — menos de dois pontos percentuais. Apesar do cansaço da sociedade com os Kirchner, a base de poder construída pelo casal presidencial é sólida e foi determinante para a política argentina desde os anos 2000. O kirchnerismo alimentou na sociedade argentina o surgimento e o fortalecimento de setores de direita — na política e fora dela — como nunca antes na história do país. Ser de direita — e não peronista — era malvisto, e prova disso foram as eleições presidenciais de 2003. O sociólogo argentino Torcuato Di Tella, falecido em 2016, costumava dizer que faltava à Argentina um partido de direita.

Como lembra o analista Ignacio Labaqui, professor da Universidade Católica Argentina (UCA), em 2003, os favoritos eram Menem, que tentava um terceiro mandato, e o economista neoliberal Ricardo López Murphy, que foi ministro de De la Rúa — aquele que durou apenas duas semanas. O medo de López Murphy fez Kirchner crescer, e, enquanto a maioria das pesquisas indicava que o segundo turno seria entre Menem e o ex-ministro da Economia, o desconhecido governador de Santa Cruz foi quem ficou em segundo lugar, assumindo o poder diante da falta de fôlego de Menem.

"A perspectiva de um segundo turno entre Menem e López Murphy teve o efeito de assustar uma parte do eleitorado, que sentia repulsa por um segundo turno entre neoliberais", aponta Labaqui.

Nas eleições presidenciais de 2023, o kirchnerismo chega muito enfraquecido, vivendo, talvez, seu pior momento. O governo de Alberto Fernández nunca encontrou um rumo, com permanentes disputas entre o presidente e sua vice, que antes de 2019 ficaram mais de dez anos sem se falar por desavenças que se tornaram evidentes em 2008 durante uma crise entre o governo de Cristina e os produtores rurais, que protestaram durante quatro meses pela elevação de tributos às exportações de grãos, causando uma paralisia em todo o gabinete. Naquele momento, Fernández era chefe de gabinete de Cristina, depois de ter ocupado o mesmo cargo no governo de Néstor, e renunciou. Fernández saiu do governo e se afastou dos Kirchner, ficando mais de dez anos sem falar com Cristina. Os dois reataram sua relação em 2018 com a mediação de amigos e colaboradores que buscaram uma reconciliação considerada necessária para que o peronismo retornasse ao poder. Cristina finalmente cedeu e Fernández foi escolhido como candidato à presidência em 2019. Mas essa aliança eleitoral — a chamada Frente de Todos — não se tornou uma aliança de governo. Fernández e Cristina brigaram pelo poder desde o primeiro dia. Em maio de 2023, quando a chegada de Néstor Kirchner ao poder completou vinte anos, Cristina celebrou a data com um ato político gigantesco, do qual Fernández, o presidente do país, não participou. Como comentou uma fonte do governo, "esse é o maior sinal de que a reconciliação nunca foi verdadeira e de que ambos nunca estiveram no mesmo barco. Foi um pacto pelo poder que, uma vez reconquistado, permitiu que a rixa retornasse".

Os dois anos de pandemia foram duríssimos na Argentina e causaram ainda mais danos à frágil economia nacional. Ainda que no início de seu mandato Fernández tenha sido visto como um presidente responsável, que chegou a ter 70% de apoio popular, os escândalos envolvendo a quarentena — que não foi respeitada pelo próprio chefe de Estado — e a permanente deterioração da economia fizeram essa popularidade despencar. O presidente terminará seu mandato com menos de 20% de aprovação e deixando o país com mais de 100% de inflação anual. Uma de suas maiores preocupações, porém, conforme a palavra de pessoas que convivem com Fernández, é saber, diariamente, o que Cristina fará contra ele. A vice vive preocupada com as ações judiciais contra ela, e o presidente vive alarmado pelos boicotes que sofre de sua vice. A Argentina ficou, assim, abandonada.

Já a direita chegou mais potente do que nunca depois de ter se fortalecido justamente como contraponto ao movimento liderado por Cristina. Essa outra vertente da política argentina começou a ficar clara com Macri, um direitista moderado que, no entanto, se deu muito bem com o governo de Jair Bolsonaro. O fracasso de Macri levou a uma guinada à direita mais extrema com a chegada ao cenário político nacional nas eleições legislativas de 2021 do economista Javier Milei. Até essas eleições, ele era conhecido por suas participações em programas de TV e peças de teatro (Milei sempre teve uma personalidade histriônica e gostou de circular no mundo cultural e das celebridades locais) e, principalmente, por suas opiniões ousadas — chegando ao ponto de afirmar que o Banco Central deveria ser dinamitado. Ele foi o terceiro deputado federal mais votado na cidade de Buenos Aires, uma verdadeira proeza para alguém considerado um outsider da política e quase sem nenhuma estrutura partidária. Desde que foi eleito deputado, Milei virou figura onipresente no país. Foi o primeiro a anunciar sua candidatura à presidência e, logo em seguida, iniciou sua campanha por todas as províncias argentinas. Para os analistas políticos argentinos, o fenômeno Milei está relacionado à perda de confiança nos partidos tradicionais — principalmente no peronismo, mas também na oposição tradicional de centro-direita e direita — e à necessidade dos argentinos de encontrar soluções rápidas e quase mágicas para os problemas crônicos do país.

Em todas as entrevistas que concede, além de explicar sua proposta liberal na economia e nos costumes — basicamente com zero intervenção do Estado na economia e na vida dos argentinos —, Milei diz saber o que deve ser feito para que a Argentina volte a ser uma das economias mais importantes do mundo, como foi no começo do século passado. O candidato, que integra uma rede global de extrema-direita, usa jargões típicos do marketing político e construiu uma relação de culto com seus seguidores. Suas principais bandeiras são a dolarização da economia, o fim dos privilégios do que ele chama de "casta política" (ou seja, os partidos tradicionais, peronistas e não peronistas) e a recuperação da Argentina dos anos de ouro, o país que foi um dos mais ricos no começo do século xx e depois empobreceu. Milei costuma dizer que sua proposta é a única que conseguirá impedir que daqui a cinquenta anos a Argentina se torne a maior favela do mundo. Além disso, ele assegura que votar nos partidos tradicionais é como entregar seu filho a um pedófilo e acusa todos os políticos com poder na Argentina de atentarem contra a propriedade privada e a liberdade. Seus apoiadores, por sua vez, pertencem aos mais variados setores da sociedade argentina, sendo oriundos desde as classes mais altas até as mais baixas. E Milei é popular, sobretudo, entre os mais jovens. Ele captou votos que foram de Macri em 2015 e alguns dos kirchneristas também. Sua figura incorpora uma espécie de "religião política" de extrema-direita, algo totalmente inédito na história do país. Seus seguidores o chamam de leão e costumam dizer que esse leão vai fazer a sociedade argentina tremer. Cada ato político de Milei parece um show de uma estrela de rock, com música pesada e uma teatralização que se repete em cada apresentação. Ele está cercado de pessoas que pouco têm a ver, como ele, com a política tradicional. Um de seus candidatos a prefeito na eleição de 2023 concorre no município de La Matanza, um dos maiores e mais pobres da província de Buenos Aires, e é um youtuber e dj chamado Adrián Martínez, conhecido como El Dipy, que tem quase 500 mil seguidores no Instagram. Ele ficou famoso, entre outras iniciativas, por vídeos virais sobre a escalada de preços nos supermercados. Uma das músicas mais usadas nas redes de Milei é "We will rock you", da banda Queen, entre outras de rock pesado. A figura do leão e os discursos inflamados viraram duas de suas marcas registradas.

O que mais preocupa em relação a Milei são a falta de uma equipe sólida que apoie seus planos de governo e a viabilidade de planos como dolarizar a economia argentina. Durante reuniões com empresários locais, os economistas expõem que uma vitória de Milei levaria o país a um caos político e social. O candidato, por sua vez, assegura que, se ganhar e o Congresso não apoiar suas medidas, convocará plebiscitos populares — outra ideia polêmica e inédita na política argentina.

Muitos se perguntam se a Argentina vai virar um país liberal, como foi no início do século xx, antes de o peronismo emergir. Milei e algumas figuras da aliança de direita Juntos pela Mudança, liderada, entre outros, por Macri, confirmam que o país tem um eleitorado de direita expressivo. O desejo de mudança é grande, mas o medo de que um governo não peronista não seja viável, também.

A aliança Juntos pela Mudança representa uma direita moderada, embora Milei incorpore ideias da extrema-direita. Macri e os dirigentes de mais relevância em seu espaço político estão mais perto de Bolsonaro do que de Lula, mas, ao contrário de Milei, evitam um alinhamento automático com os ex-presidentes do Brasil e dos Estados Unidos. Os dois nomes fortes da aliança liderada por Macri são os do prefeito de Buenos Aires, Horacio Rodríguez Larreta, e da ex-ministra Patricia Bullrich. Eles serão, sem dúvida, as figuras mais importantes da direita argentina nos próximos anos.

Milei, candidato e fundador do partido Avança Liberdade, é chamado por acadêmicos de "anomalia" na história política argentina. Além de ser um outsider, Milei criou um partido rodeado de mistérios, entre eles, quem são seus principais assessores e quem o financia. Há uma imensa disputa para estar perto do líder, que alguns chamam de "o escolhido", o que causa escândalos dignos de uma novela mexicana. Alguns de seus colaboradores foram recentemente expulsos do partido e fazem denúncias de todo tipo à imprensa local. Em reportagem publicada, entre outros, pela revista *Noticias* em fevereiro de 2023, eles mencionam prostituição de mulheres dentro do partido; troca de favores políticos; venda do apoio de Milei a candidatos do interior da Argentina, cobrado em dólares; e um cachê que o candidato à presidência cobraria para participar de jantares (entre 3 mil e 10 mil dólares). Eles acusam Milei de ser "instável emocionalmente" e "tóxico" e de estar usando a política para fazer negócios. Nada disso, porém, abala a popularidade do fenômeno que instalou a extrema-direita no cenário político argentino.

Sabe-se pouco sobre a história pessoal de Milei. Ele e sua irmã e braço-direito, Karina, espécie de primeira-dama informal da extrema-direita argentina, nasceram em uma família de classe média que morava no bairro de Villa Devoto, em Buenos Aires. O pai de Milei foi motorista de ônibus — curiosamente como o de Cristina Kirchner — e chegou a se tornar um pequeno empresário no setor de transportes. Sobre sua mãe, sabe-se muito pouco. Contudo, há boatos de que Milei tem uma relação ruim com os pais, o que teria levado a longos períodos de distanciamento. Na juventude, ele foi jogador do time de futebol portenho Chacarita Juniors e integrou uma banda de rock. Formou-se em Economia na Universidade de Belgrano (privada e sem muito prestígio), e sua dificuldade em matéria de relacionamentos humanos é notória. Desde que se tornou um fenômeno político, vive às voltas com teorias da conspiração. O presidente Alberto Fernández declarou em diversas entrevistas que Milei representa uma ameaça à democracia similar a Hitler. Fernández, como outros dirigentes políticos que fizeram acusações semelhantes, foram denunciados pelo líder da extrema-direita na Justiça.

A série argentina *Vosso reino*, disponível na Netflix, tem como protagonista um pastor evangélico que se torna presidente da Argentina. Claudia Piñeiro, uma das roteiristas, afirma que Milei tem muito do personagem central da trama, que acaba enlouquecendo e sendo derrubado por um golpe. O pastor é visto por seus seguidores, como acontece com Milei, como uma espécie de salvador da pátria. As sucessivas crises econômicas que ocorrem na Argentina desde a década de 1940, assim como os desastrosos governos que passaram pela Casa Rosada desde a redemocratização do país, alimentaram um sentimento de descrédito na classe política tradicional — chamada por Milei de "casta política" —, que é o motor do crescimento vertiginoso do candidato. O líder da extrema-direita diz ter a solução para todos os problemas argentinos e faz um permanente alerta a seus apoiadores: "A Argentina vai enfrentar a pior crise de sua história, e nós sabemos o que deve ser feito". A questão é que, embora Milei tenha publicado um livro sobre seu plano de dolarizar a economia, muitos especialistas consideram a medida complexa e com altas chances de fracasso. Milei também tem planos para extinguir o Banco Central, algo que ninguém entende exatamente como funcionaria. Seu projeto, segundo ele mesmo explicou, necessitaria de 30 bilhões de dólares para ser realizado, dinheiro que acredita que conseguirá com bancos privados. Ele diz ter a coragem necessária para fazer os ajustes de que o país necessita e realizar a reforma do Estado e a redução de impostos, uma de suas propostas mais populares — o candidato fala de um programa de choque que, segundo ele, vai reduzir a inflação argentina a apenas um dígito num prazo de dois anos. O termo se refere, ainda, ao impacto social que terá a redução do alcance do Estado.

Para os apoiadores de Milei como Lilia Lemoine, uma *influencer* que tem pouco mais de 100 mil seguidores no Instagram, onde posta fotos de cunho erótico e outras junto ao líder extremista, ele tem uma missão a cumprir: salvar o país. Além de ser árdua defensora do economista, ela atua como sua cabeleireira particular — apesar de Milei viver descabelado —, é responsável por sua maquiagem e faz parte de seu círculo íntimo de colaboradores. Muitos outros influenciadores digitais — Milei é o rei das redes sociais — estão ao seu lado, mas outros, que ousaram discutir algumas de suas ideias, se afastaram do líder de extrema-direita após seu surpreendente desempenho nas eleições legislativas de 2021. Um desses ex-aliados de Milei contou que o funcionamento do partido é profundamente autoritário e controlado essencialmente pelo candidato e sua irmã. O debate interno, contou a fonte, que pediu anonimato, é mínimo, e críticas a Milei não são toleradas. O culto ao líder da extrema-direita argentina é condição para fazer parte de seu grupo de colaboradores. Sua irmã, a número dois do partido, é fanática por tarô a ponto de tomar decisões políticas com base no que dizem as cartas.

Milei tem poucos amigos e confia em poucas pessoas. Nunca antes na história da Argentina os partidos tradicionais foram desafiados por um outsider, que grita, fala grosserias, diz que governará com o povo, apelando para plebiscitos para aprovar suas iniciativas caso o sistema tradicional decida não respaldá-las, e tem pouquíssima experiência política. Milei diz que os partidos estão desconectados da realidade e que a crise política da Argentina é tão profunda quanto a econômica e social.

O general Perón costumava dizer que a única verdade é a realidade, e a realidade da Argentina é a de um país empobrecido, que há décadas não encontra saída para seus problemas, no qual a sociedade perdeu a confiança na política tradicional e setores expressivos apelam a líderes populistas que se comunicam por meio da internet, penetrando como nunca em amplos setores sociais. Essa é uma nova era política, na qual o peronismo deverá se reposicionar para sobreviver.

4

PERRENGUES DIÁRIOS NUMA
REALIDADE SURREAL

EM 48 DOS ÚLTIMOS OITENTA ANOS, a Argentina apresentou uma taxa de inflação de dois dígitos. Ainda nessas oito décadas, durante catorze anos essa taxa atingiu os três dígitos e, em dois anos, os quatro dígitos. Em apenas quinze anos, a inflação apresentou somente um dígito. Entre 1973 e 1989, quase de forma consecutiva, o país teve mais de 100% de inflação anual. Os piores anos desde a redemocratização do país, em 1983, foram os de 1989 (com inflação de 3.079% durante o período) e 1990 (2.314%). Na década de 1970, houve anos com 600% de inflação anual, como no terceiro governo de Perón (1973–1976). A inflação é uma realidade com a qual os argentinos convivem há décadas, só contornada nos anos 1990 com a implementação da conversibilidade, que atrelou o peso ao dólar e conteve o aumento de preços internos.

Com exceção desse período, no qual o país foi governado pelo peronista Carlos Menem (1989–1999), a Argentina viveu permanentemente com taxas de inflação altas, que impactaram os hábitos dos argentinos e, sobretudo, sua confiança — ou melhor, desconfiança — na moeda nacional. O peso argentino é hoje uma das moedas mais desvalorizadas da região. Nas províncias do norte do país, as pessoas preferem ter pesos bolivianos. No primeiro semestre de 2023, um peso boliviano valia trinta pesos argentinos. Um real, em torno de noventa pesos argentinos. Isso explica por que em cada feriado e nos períodos de férias a Argentina é invadida por turistas latino-americanos, que ficam impactados com as vantagens cambiais que encontram num país onde se come muito bem gastando muito pouco — entre outros benefícios que têm os que ganham em moedas mais fortes.

De acordo com uma matéria publicada no jornal argentino *El País* em 28 de março de 2023, no Uruguai são organizadas diversas excursões de compras na Argentina. Na província de Misiones, que faz fronteira com o Brasil e o Paraguai, representantes da Câmara de Postos de Gasolina estimavam que, em abril de 2023, os preços dos combustíveis na região estavam 40% abaixo dos cobrados no Brasil e 50% mais baratos do que no Paraguai. A avalanche de carros dos países limítrofes levou os governos regionais a estabelecerem um máximo de venda de vinte litros de combustível por pessoa. No primeiro trimestre de 2023, dados oficiais indicam que 1,9 milhão de turistas estrangeiros entraram na Argentina, quase o dobro do 1 milhão que visitou o país no mesmo período de 2022. Entre janeiro e março, esses visitantes injetaram 1,5 bilhão de dólares na economia argentina.

Já os argentinos podem viajar cada vez menos. Pela escassez de dólares, o governo proibiu a venda de passagens parceladas, aumentou os impostos cobrados a quem faz despesas turísticas no exterior (por exemplo, usando um cartão de crédito emitido por um banco argentino), entre outras medidas que buscam, essencialmente, limitar as viagens internacionais. Para a classe média, que sempre adorou viajar, sair do país ficou quase impossível.

A decisão de reduzir as viagens dos argentinos ao exterior foi assumida publicamente pelo presidente Alberto Fernández em abril de 2023, quando inaugurou obras no aeroporto internacional de Ezeiza, um dos maiores da América Latina. Em declarações que foram amplamente criticadas pela imprensa local, o chefe de Estado defendeu que, do aeroporto de Ezeiza, "saia a menor quantidade possível de argentinos, porque não sobram dólares no país [...], mas que possam aproveitar o mundo os que puderem fazê-lo". O objetivo do governo, frisou o presidente, é ampliar o turismo internacional na Argentina para que entrem turistas e, com eles, dólares no país.

O número de argentinos que pode viajar para o exterior é cada vez menor. Países vizinhos como Brasil e Uruguai viraram destinos caros para a classe média, que, em outras épocas, lotava as praias de estados brasileiros como Santa Catarina. Uma refeição no Brasil chega a custar o dobro, ou mais, do que custaria na Argentina.

Contudo, esse é o menor dos problemas com os quais devem lidar os *hermanos*. A lista de perrengues diários e dramas nacionais é grande, e a inflação, com certeza, é um dos mais complicados. Viver com mais de 100% de inflação anual é um verdadeiro pesadelo. Uma mensalidade escolar, por exemplo, pode aumentar 20% de um mês para o outro; um mesmo produto no supermercado pode ser reajustado em 15% de uma semana para a outra; uma taxa de condomínio pode subir até 40% de repente, causando enormes problemas financeiros para famílias. Se para os turistas estrangeiros a Argentina se tornou um país barato, para os locais, que ganham em pesos, viver em sua terra é cada dia mais caro.

O descontrole de preços é generalizado. Um dos comentários mais frequentes em conversas com argentinos é "perdi a noção de qual é um preço razoável, aqui vale tudo". Um quilo de pêssegos pode custar o dobro em dois lugares diferentes no mesmo bairro. Pagar em espécie algumas vezes rende descontos de até 20%, porque os comerciantes preferem receber o dinheiro na hora em vez de esperar pelo pagamento das operadoras de cartões de crédito. Na Argentina da superinflação, tempo é dinheiro. O Pix não chegou ao país, e métodos de pagamento eletrônico, como transferências, não recebem os mesmos benefícios que o dinheiro vivo no comércio local. Os argentinos, ao contrário dos brasileiros, estão acostumados a operar com dinheiro em espécie. A utilização de cartões é muito menos generalizada, embora cada vez mais frequente. É comum um argentino chegar ao Brasil, tentar pagar um táxi em dinheiro e ficar chocado quando o taxista pede que a corrida seja paga com Pix ou cartão porque não tem troco. Na Argentina, a grande maioria dos taxistas só aceita pagamento em cash.

A circulação de dinheiro em espécie no país tem várias explicações. Primeiro, é um hábito antigo que os argentinos têm enorme resistência em modificar. A desconfiança existente sobre o sistema bancário, acentuada após o confisco de depósitos de dezembro de 2001, não ajudou. Por outro lado, a informalidade, na qual vivem 45% dos trabalhadores, também fomenta operações por fora do sistema financeiro. Por último, a carga tributária no país é uma das mais altas do mundo e obriga a grande maioria das empresas — sobretudo as pequenas e médias — a não declarar uma parte de suas operações como estratégia de sobrevivência. De acordo com o economista Aldo Abram, em uma lista de 191 países, a Argentina está na 21ª posição entre os que impõem uma carga tributária mais pesada a seu setor privado. Sem poder declarar uma parte do que ganham, esses argentinos operam na informalidade, com dinheiro em espécie. Com a inflação nas nuvens, as pessoas tentam gastar esse dinheiro o mais rápido possível. Os bancos oferecem taxas altíssimas para aplicações de renda fixa — no primeiro semestre de 2023, acima de 95% ao ano —, mas a maioria dos argentinos prefere gastar o dinheiro ou comprar dólares. O peso argentino virou uma espécie de moeda tóxica. Ninguém quer ter pesos guardados porque a perda do poder aquisitivo é vertiginosa. Em poucos dias, algo que custava 10 mil pesos pode subir para 15 mil. Em duas semanas, pode duplicar de valor. Outra das frases que mais se ouvem no país é "o peso não vale mais nada". Até mesmo crianças e adolescentes poupam em dólares, já que o dólar é, há décadas, a moeda na qual se refugiam os argentinos dos bombardeiros econômicos e financeiros. É um trauma nacional.

Apartamentos, carros, pacotes de férias, aluguéis de casas nas férias, motos, tratamentos estéticos, consultas médicas e a organização de grandes festas, entre muitas outras coisas, são pagos em dólares em espécie. A grande maioria das operações imobiliárias na Argentina é realizada em dinheiro e em dólares, o que obriga o comprador a levar uma pilha de notas a um local combinado com o vendedor — em geral um banco ou o escritório de um tabelião. São cenas surreais para qualquer estrangeiro, mas absolutamente normais para todo argentino.

Praticamente ninguém paga um imóvel ou um carro fazendo uma transferência bancária, em moeda local ou estrangeira. Em 2023, a crise econômica se aprofundou e levou algumas pessoas, no desespero, a tentarem vender seus apartamentos em pesos. Isso não é algo comum e teve claramente a ver com a necessidade de alguns argentinos de se desfazer de imóveis para pagar dívidas, cobrir os buracos que surgem no orçamento todos os meses ou juntar dinheiro para emigrar. Uma coisa é certa: quem vendeu em pesos comprou dólares.

A falta de confiança na moeda nacional fez com que, nas últimas décadas, milhares de pessoas passassem a guardar suas economias em moeda estrangeira, no exterior. Em 2022, segundo dados do Instituto Nacional de Estatísticas (Indec), os argentinos tinham 415 bilhões de dólares depositados em bancos ou investidos fora do país. O hábito de poupar em dólares se intensificou na década de 1970 com as sucessivas crises inflacionárias e a verdadeira aversão ao sistema bancário nacional, que se aprofundou após o confisco dos depósitos de 2001, o chamado *corralito* — "curralzinho", em português —, medida adotada pelo ex-presidente Fernando de la Rúa em dezembro de 2001 e ampliada pelo ex-presidente Eduardo Duhalde em janeiro de 2002. Com uma profunda crise do sistema financeiro, e sem dólares para atender à demanda de saques dos correntistas, De la Rúa limitou o montante que os argentinos podiam retirar dos bancos semanalmente. No início de 2002, depois de desvalorizar o peso e provocar uma saída traumática do sistema da conversibilidade — que atrelou a moeda argentina ao dólar entre 1991 e 2002 —, Duhalde teve de ampliar o confisco para impedir o colapso generalizado do sistema bancário nacional.

Os argentinos em geral não confiam no peso e odeiam bancos. Basta passar algum tempo numa fila de qualquer agência bancária no país para ouvir as reclamações: "Neste país, todos os bancos são ladrões"; "Quem tem muito dinheiro no banco não dorme tranquilo"; "Nunca mais poderemos confiar em nossos bancos"; "Será que o governo está pensando em confiscar o que temos em nossas contas?". Passar uma hora na fila de um banco argentino é uma das situações mais estressantes que um argentino, ou estrangeiro que reside no país, pode viver durante seu dia.

Os bancos se tornaram praticamente irrelevantes na vida dos *hermanos*. A oferta de financiamento é quase nula, o atendimento, cada vez pior, e essas instituições não possuem nenhuma credibilidade. Sem auxílio para financiar seus negócios, pequenas e médias empresas apelam para mecanismos arcaicos como trocar cheques nas chamadas *cuevas* (cavernas), que proliferaram nos últimos anos. Nas *cuevas* funcionam os mercados paralelos e ilegais de compra e venda de moeda estrangeira, compensação de cheques e outros tipos de financiamento à margem do sistema formal. No primeiro semestre de 2023, com juros de quase 100% e inflação de 109% anuais, as *cuevas* se tornaram uma saída para quem precisa de capital de giro. Elas compram cheques recebidos por empresários e cobram uma comissão que reduz entre 5% e 15% o montante a ser recebido. Existem, ainda, mercados formais, como na bolsa de valores, em que pequenas e médias empresas podem ter liquidez imediata em cheques pré-datados para quinze ou trinta dias — uma eternidade num país cujos preços subiram, em média, 8,4% só em abril de 2023, o dobro da inflação anual brasileira — com descontos menores, mas com critérios mais rígidos.

Andrés Borenstein, economista-chefe da consultoria local Econviews, lembra que a Argentina nunca teve um sistema financeiro das dimensões do brasileiro. Nos melhores anos em que esteve vigente a conversibilidade, o estoque de crédito disponível chegou a 24% do PIB. Em 2023, era de apenas 7%. Os argentinos não têm acesso a financiamentos de imóveis ou automóveis, e as poucas linhas de crédito para empresas — com juros entre 65% e 80% anuais, ainda abaixo da inflação naquele momento — exigiam condições difíceis de cumprir. "Os bancos reclamam do excesso de recursos destinados a financiar o Estado e prefeririam conceder empréstimos a empresas, mas a demanda é baixa, pelas próprias condições da economia e do mercado", conta Borenstein.

O economista Gustavo Lázzari, que além de dar palestras sobre como funciona a economia argentina no interior do país é dono do frigorífico e fábrica de laticínios Cárdenas, já escreveu vários artigos a respeito do caos econômico de seu país. Ele é o caçula dos quatro filhos de Lita de Lázzari, já falecida, que ficou famosa nas décadas de 1980 e 1990 quando presidia a Associação de Donas de Casa da Argentina. Lita tinha uma frase que ficou gravada na memória de muitos argentinos: "Caminhem, senhoras, caminhem. Procurem preços, temos de caminhar e buscar preços". Lita foi o símbolo da mulher argentina na década de 1980, que terminou com uma hiperinflação que obrigou o presidente Raúl Alfonsín a abandonar o governo seis meses antes do previsto, e vivia desesperada pelos reajustes permanentes de preços. A situação dos últimos anos ainda não é tão grave como a que viveu o país no final de 1980, mas está cada vez mais perto. E Lita, que caminhou e procurou preços até o final de sua vida, segundo contou Gustavo, voltou a ser lembrada: "Minha mãe apresentou programas de TV que eram vistos em todo o país. Ela ensinava as pessoas a cozinharem gastando pouco, ela criou as famosas receitas econômicas".

Hoje, a classe média argentina, como ensinou Lita, caminha quilômetros em busca de preços mais baixos, descontos, liquidações, pagamentos parcelados e sem juros (uma modalidade de negociação em extinção na Argentina). Ao drama da inflação se soma a escassez de alguns produtos. Entre 2022 e 2023, foi difícil conseguir alimentos como palmito, abacaxi, atum, cogumelos e até mesmo ovos. Produtos importados circulam cada vez menos por causa das limitações impostas pelo governo para permitir a entrada de importações, estratégia que visa conter a sangria de dólares do Banco Central.

Comprar um carro na Argentina pode ser uma verdadeira odisseia. As concessionárias de Buenos Aires oferecem diversos modelos, mas, quando o cliente pergunta quando receberá o carro, a resposta é vaga. Isso dependerá do ritmo da produção e das importações. Ninguém sai de uma concessionária com uma data de entrega certa, ação que pode demorar vários meses. Isso levou a um aumento do preço dos carros usados, afinal o usado é entregue na hora. Por esses motivos, muitos argentinos adiaram a troca de seus veículos, um bem que se torna cada vez mais distante para uma classe média cada dia mais endividada e sem recursos. O que faz com que essa situação seja ainda mais complicada são barreiras impostas pelo governo às importações de carros e de muitos outros produtos para conter a saída de dólares do BC, refletindo também na compra de peças de reposição. Muitos argentinos viajam ao Uruguai para trocar, por exemplo, pneus, um dos produtos em falta no mercado argentino há muito tempo. Além de ser difícil de conseguir, os preços na Argentina são duas vezes mais altos. Vale mais a pena pegar uma balsa, que em duas horas chega a Montevidéu, passar o dia na capital do Uruguai e comprar os pneus no país vizinho. A necessidade transformou o argentino em um povo muito criativo.

Alguns elementos se tornaram essenciais na vida de muitos argentinos, entre eles, máquinas de contar dinheiro. Com uma moeda tão desvalorizada, e com notas de baixo valor, muitas pessoas optaram por ter esses utensílios em casa. Eles são vendidos em sites como Mercado Livre e existe uma enorme variedade de modelos e preços. Os mais caros detectam notas falsas. As máquinas são populares entre pequenos e médios empresários e também são comuns em condomínios da Grande Buenos Aires, onde existem mercados informais de compra e venda de dólares — em alguns casos, também euros e até mesmo reais — e as pessoas que participam desse mercado paralelo têm máquinas em casa. O funcionamento desses mercados informais é muito simples. Na grande maioria dos casos, são usados aplicativos de mensagens como WhatsApp ou Telegram, pelos quais compradores e vendedores se comunicam. Quando uma operação é fechada, combina-se um local de encontro, em geral uma casa. Uma operação pequena, por exemplo, a venda de quinhentos dólares, exige contar 200 mil pesos (na cotação de abril de 2023). A nota de maior valor na Argentina no primeiro semestre de 2023 era de mil pesos, portanto, as pessoas envolvidas na operação precisam contar duzentas notas de mil, ou, em alguns casos, quatrocentas notas de quinhentos pesos.

Outro costume nacional é ter cofres alugados em bancos. Nem todas as agências alugam esses cofres, que têm diferentes tamanhos e valores de aluguel anual. O preço do arrendamento do cofre depende da quantidade de notas que cada modelo comporta. Nos menores, o valor máximo é, em geral, 75 mil dólares. O correntista tem acesso a suas economias com uma chave entregue pelo banco — que tem outra chave sem a qual o cofre não se abre. Nessa modalidade bancária, o dinheiro não rende nada, mas muitas pessoas preferem ter os dólares guardados perdendo valor do que fazer investimentos financeiros na Argentina.

Contudo, nem assim os argentinos dormem tranquilos. Volta e meia surgem rumores sobre o confisco de cofres, algo que, pelo menos até o primeiro semestre de 2023, nunca aconteceu. O que houve, na verdade, foram vários assaltos a bancos nos quais os ladrões conseguiram abrir os cofres. No chamado "assalto do século", ocorrido em 6 de março de 2010, um grupo de bandidos invadiu uma agência do banco Macro, no centro de Buenos Aires, e levou todo o dinheiro guardado em 99 cofres individuais. O montante total do roubo, estimado em 30 milhões de dólares, nunca foi recuperado.

Sejam empresários, comerciantes ou outros profissionais, os argentinos estão muito acostumados a ter dinheiro em espécie na carteira. Quando se faz uma operação em um caixa eletrônico, é frequente ver pessoas sacando ou depositando milhares de notas, em alguns casos guardadas em envelopes para não chamar a atenção. A combinação de inflação, desvalorização da moeda e informalidade transformou a Argentina em um país no qual se vê, o tempo todo, muito dinheiro circulando. Em um dia normal, um argentino de classe média vai a um caixa eletrônico e saca entre 20 mil e 50 mil pesos. Em abril de 2023, Gustavo, por exemplo, disse que nunca sai de casa com menos de 40 mil. Qualquer compra mínima de supermercado pode custar até 20 mil. Dois quilos de peito de frango e uma dúzia de ovos ficam em torno de 10 mil pesos. Um almoço para duas pessoas pode sair por 15 mil. Outra das frases mais comuns nos últimos tempos no país é "o dinheiro voa". E como voa.

Outras operações são bem mais complicadas. Pequenos e médios empresários que vendem seus produtos no interior do país muitas vezes devem pedir ao motorista do caminhão que transporta suas mercadorias para trazer malas de dinheiro na volta da entrega. Como parte da operação não é declarada para evitar a excessiva carga tributária, os pagamentos são feitos em dinheiro. O governo controla os carregamentos nas estradas, mas os empresários já estão acostumados e têm mil e uma estratégias para driblar os controles.

Não declarar parte de suas operações é, segundo afirmam os empresários, a única maneira de não falir no país. Gustavo costuma dar o exemplo do frango. Desde que nasce até o momento que chega à mesa do consumidor, esse frango passa por 45 tramitações burocráticas estatais. Em média, as empresas argentinas fazem 1.500 declarações juramentadas por ano à Receita Federal do país e a outros organismos estatais, o que representa em torno de sete por dia. Empresas como a de Gustavo costumam ter um funcionário dedicado apenas a passar informações ao contador. Fazer declarações fiscais na Argentina é um tormento não apenas para empresários, mas para a população em geral. De acordo com Gustavo, em média 45% do valor dos alimentos no país correspondem a tributos diversos. Isso explica porque, segundo dados apresentados pelo governo de Fernández e Cristina Kirchner, a Argentina é o campeão da América do Sul em sonegação de impostos e o quarto maior sonegador do mundo, superado apenas por Malta, Guiana e Chade. É muito frequente na Argentina ouvir pessoas comentando que optam por não pagar impostos imobiliários ou os cobrados aos proprietários de automóveis porque as multas para os inadimplentes são baixas e, com os mais de

100% de inflação anual, vale mais a pena usar o dinheiro para outra coisa e saldar a dívida com o Estado depois.

Morar na Argentina implica fazer malabarismos contábeis, aprender a operar com dinheiro vivo, correr o risco de ser assaltado com muito dinheiro na bolsa e viver com altíssimas doses de estresse. Como mencionado, fazer uma operação imobiliária é uma situação de enorme tensão. Os envolvidos carregam o dinheiro em bolsas, alguns até mesmo dentro de seus casacos, pelas ruas de Buenos Aires. Quem tem mais recursos contrata empresas de transporte de valores. E muitos argentinos acreditam que o resto do mundo opera dessa mesma forma, ficando surpresos ao saber que, pelo contrário, em países como Brasil, Chile ou Colômbia, quase não se usa mais dinheiro vivo.

O filme *A odisseia dos tontos*, de 2019, mostra pessoas que guardam dinheiro debaixo da terra. Pode parecer um exagero, mas não é. Quando Cristina Kirchner deixou o poder em 2015, a Justiça argentina realizou diversas operações de busca de dinheiro em campos da Patagônia. Em abril de 2016, como informaram os meios de comunicação argentinos e estrangeiros, o promotor federal Guillermo Marijuan, encarregado de algumas das investigações sobre a suposta corrupção nos governos dos Kirchner, viajou à Patagônia para presenciar escavações ordenadas pela Justiça em campos que pertenciam ao empresário Lázaro Báez, um dos principais sócios da então ex-família presidencial. Na época, Báez já estava detido, acusado de desviar fundos públicos durante os governos de Néstor e Cristina Kirchner. Naquele momento, o empresário, que em 2003 era funcionário do Banco de Santa Cruz, tinha 25 grandes fazendas, que somavam, no total, 400 mil hectares. Muitos deles, onde foram realizadas as escavações, eram próximos da cidade turística de El Calafate, onde os Kirchner também possuem propriedades e onde a Justiça também procurou pelo dinheiro supostamente escondido.

A suspeita da Justiça argentina — que, nesse caso, não encontrou nada — baseou-se em um hábito nacional. Os argentinos estão acostumados a guardar muito dinheiro em casa, nos lugares mais inusitados: debaixo do colchão, em armários, vasos de plantas, mesinhas de cabeceira e latinhas. Volta e meia, histórias cinematográficas aparecem nos jornais. Em julho de 2022, foram encontrados cerca de 75 mil dólares em um lixão da província de Santa Fé. O dinheiro, que estava em uma sacola, foi encontrado pelos funcionários da empresa que coleta o lixo na região, que postaram fotos nas redes sociais. Dezenas de pessoas foram correndo até o local procurar mais dinheiro.

Um amigo muito próximo me contou que, quando seu pai ficou muito doente, quis lhe mostrar onde escondia o dinheiro em seu apartamento no bairro da Recoleta, em Buenos Aires. Havia notas ocultadas em vários lugares, entre eles, na caixa onde se encontrava o motor de uma banheira com hidromassagem. Meu amigo ficou perplexo ao ver quão longe havia chegado a paranoia do pai, um senhor de cerca de 65 anos, que já tinha atravessado as piores crises econômicas da Argentina e estava acostumado a perder dinheiro, segundo ele, por culpa dos bancos e do Estado.

O dólar é uma paixão nacional na Argentina desde a década de 1970. Existe um mercado oficial e, desde a desvalorização do peso de 2002, outro informal, em ascensão. Na Argentina, cada cidadão pode comprar apenas duzentos dólares mensais no mercado oficial, pagando 30% de imposto e outros 35% como antecipação do imposto de renda do ano seguinte. Por isso, nos últimos anos proliferaram as *cuevas*. Elas operam supostamente na clandestinidade, pois estão fazendo algo ilegal, mas são conhecidas e, em alguns casos, estão localizadas até mesmo ao lado de agências bancárias. As pessoas entram, em geral, para vender dólares porque seus salários não são suficientes para cobrir as despesas do mês e elas precisam usar economias, ou têm que pagar alguma viagem ou gasto acima do orçamento mensal, e saem das cavernas com milhares de notas de pesos sem constrangimento algum. Isso é parte do dia a dia de muitos argentinos. No centro de Buenos Aires, sobretudo em ruas onde circulam muitos turistas, como a Florida, é comum ver vendedores de dólares, os chamados *arbolitos* (arvorezinhas), que passam o dia em busca de clientes gritando "Dólares, dólares!".

Existem também, como mencionado antes, as cavernas digitais, os grupos de WhatsApp, Telegram e outros aplicativos de mensagens nos quais as pessoas compram e vendem a moeda americana em pequenas quantidades. Esses grupos funcionam em condomínios localizados na região da Grande Buenos Aires, para onde muitos argentinos se mudaram nas últimas décadas, em especial durante e após a pandemia de covid-19. Nesses grupos, é muito comum ver mensagens do tipo "vendo cem dólares" enviadas por pessoas que precisam de pequenas quantidades de pesos para pagar contas ou cobrir algum buraco no orçamento mensal.

Nessas cavernas reais e virtuais, os argentinos operam no dólar paralelo, no país chamado de "dólar *blue*". No entanto, segundo estimativas de economistas locais, no primeiro semestre de 2023 existiam cerca de 48 tipos de dólar diferentes no país. Cada um deles está relacionado às taxas que o governo cobra a cada atividade para liberar divisas em um contexto de escassez dramática.

Os problemas mais graves em relação ao acesso dos argentinos à moeda americana começaram após a reeleição de Cristina Kirchner, no final de 2011. Nos meses anteriores ao pleito, economistas estimam que os argentinos retiravam do país cerca de 2 bilhões de dólares mensais devido às incertezas políticas. Depois de uma corrida bancária provocada pelo resultado das eleições presidenciais — e pelo desespero que outros quatro anos de governo kirchnerista causou em muitas pessoas —, o BC determinou que cada argentino poderia comprar apenas 2 mil dólares por mês. Essa restrição levou, obviamente, ao crescimento do mercado paralelo, que opera sem limite algum. Com o passar do tempo, a diferença entre a cotação do dólar oficial e o paralelo aumentou, chegando, em alguns momentos, a superar os 100% — a chamada brecha cambial.

Em seu segundo governo, Cristina limitou o máximo possível a liberação de dólares oficiais para a população, aumentando o clima de irritação entre os argentinos. Essa decisão foi um dos elementos que favoreceram, em 2015, a eleição de seu opositor Mauricio Macri, que, na época, prometeu liberar o mercado de câmbio. Macri foi eleito, derrotando o peronista Daniel Scioli por uma diferença de menos de dois pontos percentuais, e, como prometera, anulou todas as limitações aplicadas por Cristina. Os argentinos correram para comprar dólares, e o resultado foi outra crise financeira.

Em 2019, com a expectativa de que o kirchnerismo — como de fato ocorreu — voltasse ao poder, calcula-se que os argentinos tenham sacado do país em torno de 7 bilhões de dólares entre agosto e outubro daquele ano. O peronista Alberto Fernández venceu as eleições presidenciais de 2019 com Cristina Kirchner como sua vice, e, um mês antes da posse do novo governo, Macri impôs uma drástica limitação à compra de dólares: apenas duzentos por mês.

Entre 2019 e 2023, proliferaram os tipos de dólar no país por causa da política de limitar o acesso de pessoas físicas e jurídicas à moeda americana. Com uma situação dramática no BC — que se encontrava praticamente sem reservas líquidas —, o governo peronista optou por uma intervenção rigorosa no mercado de câmbios. O dólar oficial é controlado pelo BC e tem a cotação mais baixa do mercado. O dólar-poupança, também chamado de dólar-solidário, é aquele que as pessoas podem comprar mensalmente, respeitando o limite de duzentos dólares e pelo qual se cobra uma taxa de 30% de seu valor, o chamado imposto-país — e há ainda outra taxa de 35% que pode ser devolvida no ano seguinte como restituição de imposto de renda e imposto imobiliário. O dólar-cartão de crédito é a cotação usada para quem faz despesas de até trezentos dólares no exterior e é calculada com base no dólar oficial, mais 30% do imposto-país e outros 45% que podem ser restituídos na declaração de imposto de renda do ano seguinte. O dólar-Catar, implementado na época da Copa do Mundo de 2022, é calculado com a cotação oficial, mais 30% de imposto-país, 45% como antecipação do imposto de renda do ano seguinte e outros 25% como antecipação do pagamento de impostos imobiliários. O dólar-soja, lançado pelo governo nos primeiros meses de 2023, é uma cotação especial para exportadores da commodity, que buscou estimular o setor a liquidar suas divisas no país e, assim, ampliar as escassas reservas do BC. O dólar-tecno é uma cotação especial criada pelo governo para empresas do setor de tecnologia que condiciona a liberação de divisas a investimentos no país. O dólar-amigo é aquele para o qual duas pessoas definem uma cotação negociada entre pessoas físicas. Há ainda, entre outros, os dólares carne, mel, turista estrangeiro, milho, Amazon, Mercado Livre, futuro, cripto e Free Shop.

O caso argentino é absolutamente inédito no mundo. Cada vez que um setor da economia precisa estabelecer uma cotação especial para operar em dólares, nasce um novo dólar. No primeiro semestre de 2023, os importadores de banana, produto que a Argentina compra de países como Colômbia e Equador, pediram ao BC que facilitassem a liberação de dólares, e, assim, começou a se falar no dólar-banana.

Os argentinos têm uma relação de confiança indestrutível com a moeda norte-americana que nenhum governo conseguiu modificar. Não é por acaso que, na campanha presidencial de 2023, uma das principais bandeiras do candidato de extrema-direita Javier Milei é a defesa da dolarização da economia. Milei promete soluções mágicas para a tragédia econômica argentina e diz saber perfeitamente o que deve ser feito, sem dar muitas explicações sobre seus planos. Contudo, adotar o dólar como moeda nacional é uma promessa que o candidato repete em todas as entrevistas, coletivas de imprensa, discursos e atos dos quais participa. Em abril de 2023, ele escreveu em sua conta no Twitter:

> A inflação é sempre e em todo lugar um fenômeno monetário gerado por um excesso de dinheiro, seja por aumento da oferta ou queda da demanda, o que leva à queda do poder aquisitivo da moeda [...]. Se queremos terminar com o problema da emissão monetária para cobrir o déficit fiscal e acabar com a inflação, problema que temos porque os políticos argentinos são ladrões, o único caminho é fechar o BC e começar a dolarizar, porque o dólar é a moeda escolhida pelos argentinos.

Essa proposta foi considerada uma bomba-relógio por políticos de peso no país, entre eles o ex-presidente Mauricio Macri. Milei diz aos argentinos desesperados o que eles querem ouvir: promete dólares e o fim da inflação. Seus críticos o acusam de ser irresponsável e de estar iludindo milhões de pessoas com promessas que são impossíveis de serem cumpridas. No entanto, na Argentina de 2023, a racionalidade pesa pouco. Muitas pessoas, cansadas de décadas de instabilidades econômica e financeira, dizem acreditar nas palavras de Milei, que é visto por alguns como a última oportunidade que o país terá de sair do atoleiro em que está metido.

Para os estrangeiros, é difícil entender a relação dos argentinos com o dólar. No livro *Como somos*, o escritor Carlos Ulanovsky afirma:

> O surpreendente encantamento que há décadas sentimos pela moeda oficial dos Estados Unidos é algo desconhecido — em termos morais, ideológicos e práticos — por países vizinhos como Brasil e Uruguai, ou por

qualquer habitante de países europeus. Assim como o argentino calcula cada passo que dá em notas de dólar norte-americano, qualquer brasileiro terá problemas se alguém — especialmente um argentino — lhe pedir que calcule o valor do seu salário, ou de qualquer produto, em dólares.

Ulanovsky diz, ainda, que a Argentina é um país "dólar-dependente". Ele lembra que, diante de cada situação de incerteza — no país ou na vida pessoal —, o conselho que um argentino dará a outro será, sempre, "compre dólares, porque com o dólar você estará sempre mais protegido". Na década de 1950, no auge de seu segundo governo, Perón perguntou a seus seguidores — a grande maioria oriunda de setores humildes — se alguma vez tinham visto uma nota de dólar. Ulanovsky sustenta que essa atitude do poderoso general e presidente argentino marcou um momento importante, talvez o primeiro no qual os argentinos começaram a idolatrar uma moeda alheia, que nas últimas sete décadas virou obsessão nacional.

Em 1981, quando a última ditadura já começava a ruir como um castelo de cartas, o então ministro da Economia argentino Lorenzo Sigaut disse uma frase que ficou gravada na memória de muitos argentinos. Dias antes de uma megadesvalorização do peso, Sigaut, na tentativa de evitar uma corrida cambial — algo que os argentinos conhecem como poucos no mundo —, assegurou que "quem apostar no dólar vai perder". Os argentinos, claro, ignoraram o conselho, e a cotação do dólar disparou. A inflação, na época, chegava a 130% ao ano, e a economia apresentava graves sinais de desequilíbrio.

Outra frase memorável da história política e financeira nacional foi a pronunciada pelo ex-presidente Eduardo Duhalde durante seu discurso de posse, em janeiro de 2002. O país ainda estava em choque pela renúncia de Fernando de la Rúa, outros três presidentes haviam passado pela Casa Rosada em apenas uma semana, e Duhalde tinha conseguido, finalmente, se firmar no cargo. Após o confisco de depósitos bancários implementados por De la Rúa antes de deixar o poder, Duhalde prometeu aos argentinos que "quem tiver depositado dólares receberá dólares". Depois de semanas de panelaços contra o governo, saques a supermercados, violência nas ruas e mortes, o novo presidente, um peronista, tentou acalmar os ânimos no país. Vinte anos depois, em janeiro de 2022, Duhalde reconheceu, em entrevistas a meios de comunicação locais, que sua promessa foi "um erro". Depois do *corralito*, o governo de Duhalde implementou um confisco de depósitos ainda mais abrangente, que foi chamado de *corralón*. Além de limitar os saques de dinheiro, o governo converteu todos os depósitos em dólares para pesos, acabando de maneira brusca e traumática com a paridade entre a moeda argentina e a americana, implementada no governo de Carlos Menem. Segundo explicou Duhalde em entrevista ao site Infobate em janeiro de 2022, "as pessoas estavam muito zangadas, era visível o desejo de que todos os políticos fossem embora, e as pessoas tinham razão [...]. Foi um momento muito difícil, ninguém queria assumir o poder". Onze dias depois de prometer dólares aos argentinos, o então presidente convocou uma coletiva de imprensa para informar que isso era impossível de ser cumprido.

As sucessivas crises argentinas causaram traumas nacionais difíceis de serem superados. Na crise ocorrida entre 2001 e 2002, o economista Amilcar Collante lembra que sua avó, naquele momento uma senhora de 65 anos, havia vendido um pequeno apartamento e depositado os dólares da operação no banco. Quando Duhalde assumiu e disse que quem tinha depositado dólares receberia dólares, a avó de Amilcar tremeu inteira. Os argentinos sabem que esse tipo de promessa, em geral, é um alerta de que algo está errado. Como temia, a avó do economista não só não recebeu os dólares, como acabou tendo suas economias convertidas para pesos e outra parte do dinheiro foi transformada em bônus da dívida pública, com vencimento em 2012. Em outras palavras, se a avó do economista tivesse vendido os bônus naquele momento para ter liquidez, teria perdido mais de 100% do que havia depositado originalmente. Como explicou Amilcar Collante em entrevista exclusiva para este livro:

> A desconfiança dos argentinos nos bancos e na moeda nacional é algo difícil de resolver. Toda a classe média argentina foi vítima do *corralito* de 2001 e das medidas adotadas por Duhalde em 2002. Muitas pessoas recorreram aos tribunais locais, mas pouquíssimas recuperaram o dinheiro que tinham depositado nos bancos. Os únicos beneficiados, naquele momento, foram os que tinham financiamentos bancários que foram originalmente concedidos em dólares e, com a desvalorização e o fim da conversibilidade, passaram a ser em pesos. O resto se ferrou.

O fato de a Argentina ter mais de quarenta tipos de dólar é algo insólito que o governo que for eleito em 2023 deverá corrigir, assim como uma taxa anual de mais de 100% de inflação, que sufoca todas as classes sociais do país. Porém, deverá resolver, sobretudo, os quase 40% de argentinos que vivem abaixo da linha da pobreza — segundo dados do primeiro semestre de 2023 fornecidos pelo Instituto Nacional de Estatísticas e Censos (Indec, o equivalente ao nosso IBGE).

Após décadas de crises permanentes, os argentinos naturalizaram os perrengues diários que devem tolerar, as dificuldades de viver com uma das taxas de inflação mais altas do mundo e o estresse que tudo isso provoca em cada indivíduo e em cada família argentina. No país, coisas que deveriam ser simples, como comprar uma cortina, um carro, ou simplesmente ir a um supermercado atacadista, podem se transformar em verdadeiro pesadelo. Para quem, como eu, já morou na Venezuela, as comparações entre os dois países se tornaram permanentes. Também são frequentes os relatos de venezuelanos que chegaram a Buenos Aires em busca de uma vida mais tranquila e estão arrumando novamente as malas porque a vida em Buenos Aires é tudo, menos pacífica.

Pedir orçamentos na Argentina é estressante porque todos os custos são calculados com base no dólar, que sobe e desce todas as semanas — mais sobe do que desce. Se as pessoas acham que determinado produto vai aumentar 10% de um mês para o outro, na realidade essa taxa pode ser muito maior. A resposta dos fornecedores costuma ser sempre a mesma: "Isso é valor dólar", ou seja, tudo aumenta porque o dólar aumenta. Isso faz com que os orçamentos não durem mais do que uma semana, ou quinze dias no melhor dos casos. Em 2022, tentei comprar uma cortina. Simples, não? Na Argentina, não. O fornecedor primeiro me disse que o produto estava em falta, porque é importado. Mais tarde, depois de informar que finalmente tinha a cortina, ele exigiu que eu confirmasse o pagamento rápido. Mais uma vez, o famoso "valor dólar" apareceu em cena como explicação para a mudança do preço de uma semana para a outra. O mesmo "valor dólar" fez com que o preço de um carro produzido no Brasil que tive a intenção de comprar aumentasse em 8 mil dólares de uma sexta para uma segunda-feira.

Caso uma compra coincida com uma mudança política importante no país, por exemplo, a troca de um ministro da Economia, o aumento de preços pode ser sideral. Uma cozinheira que vende pães na região da Grande Buenos Aires pensou em comprar uma nova máquina em meados de 2022, justamente no momento em que o governo de Alberto Fernández anunciou a mudança de ministro da Economia. Em menos de meia hora, a máquina aumentou 30 mil pesos. Ela também sofre com os reajustes nos atacadistas e, até mesmo, a limitação da quantidade vendida por pessoa imposta em produtos básicos como farinha e açúcar.

Como se não bastasse o tormento de viver com tantas angústias, dificuldades diárias e pânico de coisas elementares como ter dinheiro depositado em um banco, os argentinos devem, ainda, tolerar declarações de importantes líderes políticos do país que, com muita frequência, minimizam os problemas nacionais. Em janeiro de 2023, o presidente Alberto Fernández fez a seguinte declaração a veículos brasileiros que foram até Buenos Aires cobrir a reunião da Comunidade de Estados Latino-Americanos e Caribenhos (Celac), entre eles a *Folha de S.Paulo* e a Rede Bandeirantes de TV:

> Grande parte da inflação é autoconstruída e está na cabeça das pessoas [...]. Elas leem que os combustíveis vão aumentar e começam a reajustar os preços de outros produtos por via das dúvidas. Lamentavelmente, nós, argentinos, somos quase especialistas em projetar o futuro sempre com inflação e o que temos de fazer é erradicar a lógica inflacionária.

O chefe de Estado culpou seu antecessor, o ex-presidente Mauricio Macri: "Quando assumi, a inflação era de 53%, tivemos uma pandemia e depois uma guerra, que desencadeou um processo inflacionário em todo o mundo, incluindo a Argentina".

O que Fernández não reconheceu — e a grande maioria dos argentinos sabe — é que a inflação é uma realidade nacional desde a década de 1940. Não nasceu com Macri nem nos governos anteriores e posteriores. A inflação argentina é crônica, e nenhum governo nos últimos setenta anos — com exceção de Menem — conseguiu resolver o problema, embora o plano de conversibilidade do presidente peronista tenha gerado, poucos anos depois, uma crise ainda mais grave.

As cartas de leitores enviadas a jornais argentinos mostram o grau de decepção com todos os governos que passaram pela Casa Rosada, conforme escreveu o leitor Luis Mônaco no jornal *La Gaceta*, de Tucumán, em 18 de abril de 2022:

> Quão importante seria que o poder executivo nacional começasse a elaborar um plano econômico que, entre outras coisas, combatesse a inflação [...], mas infelizmente este governo [o de Fernández e Cristina Kirchner], como tantos outros, não tem nada em mente e está perdendo seu tempo em discussões estéreis com a oposição e, pior ainda, com os membros de sua própria frente [...]. Devemos ter muito cuidado com a inflação; é um fenômeno que tem sido superado na maioria dos países do mundo, mas temos lutado contra ele por mais de oitenta anos sem sucesso e repetindo quase sempre o mesmo método. Hoje, como no passado, pensamos que uma inflação de 60% ou 70% ao ano é uma situação com a qual podemos viver [...]. Não é de modo algum minha intenção fazer prognósticos, mas o governo deve prestar muita atenção, pois o processo inflacionário em determinado momento toma vida própria e começa mês após mês a produzir um efeito de arrastamento. Para citar apenas um exemplo: em dezembro de 1988, janeiro e fevereiro de 1989 a inflação era de 6,9%, 8,9% e 9,6%, respectivamente, e pensamos que poderíamos contê-la e derrubá-la; entretanto, a enchente veio e terminamos 1989 com 4.922,70%. A Argentina emitiu muito dinheiro sem apoio e continua a fazê-lo (essa é uma forma de financiamento em si). Esse dinheiro é o que está produzindo os aumentos. Outra possibilidade é que o governo, quando percebe que a situação está se tornando incontrolável, confisque parte dos depósitos e entregue um bônus dez anos depois. Algo semelhante já aconteceu, e o BC certamente está prevendo alguma coisa, porque a taxa de juros está subindo cada vez mais rápido. Espero que o governo trabalhe no que diz respeito às causas dessa situação, elabore um plano, e a escalada seja interrompida.

5

A PAIXÃO NACIONAL PELO DIVÃ

A PSICÓLOGA E PSICANALISTA ARGENTINA Adriana Guraieb já ouviu tantas histórias em seu consultório localizado no bairro portenho de Palermo que é uma espécie de enciclopédia viva sobre a relação entre os argentinos e o divã — essencial para entender o país de nossos *hermanos*. Autora de vários livros sobre o assunto, Adriana tem pacientes de todas as idades espalhados pela Argentina e pelo mundo. Antes da pandemia, começou a trabalhar on-line, e no primeiro semestre de 2023 cerca de 90% dos atendimentos que fazia eram virtuais — incluindo pacientes argentinos residentes em países distantes, como a Austrália. Para essa experiente psicanalista, a relação entre seus compatriotas e seus respectivos terapeutas tem muito a ver com a necessidade do argentino de falar sobre si mesmo e, também, com a tendência nacional ao drama. "Somos dependentes da psicanálise porque é muito difícil ser argentino", resume Adriana, referindo-se às permanentes crises econômicas, sociais, financeiras e políticas que assolam o país. "Na Argentina, temos a paranoia do dólar, a violência dos anos da ditadura, as tensões políticas, uma inflação descontrolada... Enfim, é uma decadência que parece sem fim. Temos de ser resilientes para não colapsar." A tendência dos argentinos a fazer terapia se concentra nas camadas mais altas da sociedade a partir da classe média e nas grandes cidades, sobretudo na capital. Os setores mais humildes, quando necessitam de tratamento, precisam recorrer a profissionais do sistema público, atualmente colapsado no que diz respeito à saúde mental.

Os números confirmam que a Argentina é o reino da terapia. Em 2022, cerca de 6.800 pessoas se inscreveram no curso de Psicologia da Universidade Nacional de Buenos Aires (UBA), a mais importante do país e uma das mais prestigiadas da América Latina. Foi a segunda carreira preferida pelos jovens que terminaram o ensino médio, superada apenas por Medicina. Cerca de 85% dos terapeutas argentinos são mulheres, e, de acordo com dados de 2005 fornecidos pela Organização Mundial da Saúde (OMS), na Argentina existem 121 psicólogos para cada 100 mil habitantes, o que coloca o país no topo do ranking mundial. Em segundo lugar está a Dinamarca, com 85. Outro ranking, elaborado pelo psicólogo argentino Modesto Alonso, indicou que em 2012 o país tinha 202 psicólogos para cada 100 mil habitantes. No total, a Argentina tinha, naquele ano, 81 mil profissionais, dos quais 46% estavam em Buenos Aires.

Em 2023, além da inflação, o dólar em permanente escalada, a queda do poder aquisitivo e a estagnação da economia, uma das angústias nacionais foi a pior seca já enfrentada pelo país em quase um século — o antecedente mais próximo ocorreu em 1929. Produtores agropecuários como Daniel Pelegrina, ex-presidente da Sociedade Rural Argentina (SRA) e consultor em agronegócios, lembraram que, nos últimos setenta anos, o país teve quatro períodos de três anos consecutivos de seca e, em todos os casos, houve desajustes macroeconômicos como consequência. As crises argentinas se acumulam, se potencializam e, ano a ano, deterioram a situação do país. Os argentinos vivem permanentemente com a sensação de que o país vai acabar, explodir, desaparecer do mapa. Essas expressões, de fato, são ouvidas com frequência em conversas informais.

Daniel concorda com Adriana: "Os argentinos têm de aprender com sangue, suor, lágrimas e esforço a superar crises recorrentes". O produtor agropecuário não faz análise, mas encontrou na jardinagem a terapia para lidar com o estresse diário de morar em um país que, segundo ele, castiga quem tenta produzir e crescer. Daniel contou:

No campo, a terapia é menos comum, porque os produtores estão mais distantes e descolados do mundo urbano. O ânimo dos argentinos no campo é diferente, não se vê tanto estresse e as pessoas têm mais paciência, até mesmo pela própria dinâmica da produção rural, na qual tudo leva certo tempo. O homem do campo é mais otimista, tem mais esperança. Mas a seca que vivemos neste ano de 2023 é um golpe duro, e até no campo vemos desânimo.

É difícil encontrar argentinos que nunca tenham passado pelo divã, mas não chega a ser algo impossível. Alguns resistem, como o engenheiro Faustino Garcia, de 45 anos, que afirmou nunca ter tido problemas graves o suficiente para procurar um terapeuta. Também comentou se sentir um extraterrestre em sua terra, porque todos os seus amigos já fizeram terapia e não entendem sua negação. Afinal, dizem os amigos de Faustino, todo mundo precisa de ajuda para viver em um país como a Argentina. Contudo, o engenheiro insiste em sua posição, apesar de já ter recomendado à própria esposa, Maria, que fizesse terapia após o nascimento dos filhos. "Ela sentia que o tratamento era necessário, e eu a respaldei. Só que eu não preciso. Faço terapia escalando montanhas", enfatizou Faustino.

A Argentina foi um dos primeiros países da América Latina a absorver as teorias dos grandes mestres da psicanálise: o austríaco Sigmund Freud, nos primeiros anos do século xx, e o francês Jacques Lacan, a partir da década de 1960. Mais uma vez, a conexão entre Argentina e Europa explica um fenômeno social essencial para entender o país. Até hoje, fazer terapia na Argentina é uma atividade muito frequente e considerada quase obrigatória na rotina do cidadão.

Tanto a psicologia — que procura entender o comportamento humano — como a psicanálise — que foca a compreensão do inconsciente e as motivações internas que influenciam as emoções — são muito praticadas na Argentina. Para os *hermanos*, a terapia jamais foi vista como algo pejorativo, um sinal de que alguém possa estar com problemas mentais graves, ou até mesmo louco, como acontece em muitos lugares do mundo. Pelo contrário, em cafés de Buenos Aires o que mais se ouve são argentinos recomendando a outros passarem pelo divã para atravessar os períodos mais complicados da vida. Em maio de 2023, assisti a uma peça estrelada pelo humorista Andrés Ini em um teatro do município de Escobar, na Grande Buenos Aires. Ele conversava com a plateia e o assunto terapia, claro, surgiu. Uma das espectadoras, chamada Graciela, roubou a cena contando que estava fazendo terapia para deixar de fazer terapia. Todos gargalhamos. Em outro momento hilário da peça, o humorista contou que seu analista, diante de cada problema que surgia nas sessões, dizia que era preciso trabalhar aquilo. Quando era perguntado sobre quando, finalmente, a questão sensível seria tratada, o analista dizia que Andrés estava ansioso e que, então, eles também precisariam trabalhar sua ansiedade. É interessante ver como esse fanatismo nacional pelo divã acaba influenciando as relações sociais fora dos consultórios. Os argentinos adoram tomar café com amigos. Assim como no Brasil um dos programas preferidos é ir ao bar, os argentinos costumam se encontrar em cafés. Em Buenos Aires, há cafeterias por todos os lados, e nelas, além de pessoas trabalhando, se encontram amigos que passam horas conversando. Observando algumas dessas conversas, percebe-se rapidamente que elas giram em torno de problemas da vida, crises existenciais, conjugais, no trabalho e com a família. Quem ouve cumpre o papel do terapeuta e acaba dando conselhos que, perfeitamente, pode ter aprendido na própria terapia. O fenômeno é tão frequente que muitos argentinos deixam de fazer terapia porque sentem que o tratamento perdeu sentido, pois depois de algum tempo parece uma conversa entre amigos — é um dos argumentos que terapeutas entrevistados para este livro disseram ter ouvido de seus pacientes na hora de pedir que o tratamento fosse encerrado. Em alguns casos, a pessoa troca de terapeuta. Em outros, passa algum tempo longe do divã, até que uma nova crise desperta a necessidade de retomar o tratamento.

Como explica Adriana:

> Os argentinos precisam se adaptar a mudanças o tempo todo. As crises pelas quais o país passa interrompem projetos, fazem as pessoas renunciarem a trabalhos ou serem demitidas, provocam separações ou a decisão de emigrar do país. Tudo isso leva a enormes frustrações, angústias e medos, e surgem sintomas como insônia, ansiedade e, em alguns casos, depressão.

Durante a pandemia, assim como na maior parte do mundo, a venda de remédios para ansiedade e depressão aumentou de forma expressiva nas farmácias argentinas, além da procura por um terapeuta. O país viveu uma das quarentenas mais longas do globo — quatro meses com enormes restrições —, e Adriana chegou a atender pessoas que se trancavam no banheiro para realizar as sessões. "A necessidade de serem analisados era tão grande que meus pacientes fizeram malabarismos para não perder o contato semanal. Com toda a família dentro de casa, o jeito foi procurar lugares onde pudessem ficar sozinhos, como o banheiro e os carros", contou a psicóloga.

Como se não bastassem as crises econômicas e sociais permanentes, o que já é suficiente para estressar qualquer um, a pandemia incorporou o confinamento. Houve períodos em que as pessoas só podiam sair de casa de acordo com os números finais de seus documentos de identidade. Quem tinha filhos podia dar uma volta no quarteirão, o que causou a ira dos donos de cachorros — que são milhares na capital do país. Toda essa raiva se transformou em revolta social quando vazaram imagens de uma festa organizada pela então primeira-dama, Fabiola Yáñez, na residência oficial de Olivos para comemorar seu aniversário. Começaram a ser organizadas marchas — pois, como já sabemos, protestar é outro dos esportes nacionais argentinos — contra a quarentena, e, para muitos, esse foi considerado o começo do fim do governo de Alberto Fernández. A quarentena da covid-19, sem dúvida, aprofundou um estado de angústia nacional, que, a essa altura, se tornou crônico.

No início do século passado, quando o trabalho de Freud começou a chegar ao país, construiu-se a base de uma relação entre uma sociedade sofrida e uma disciplina que ajuda a suportar esse sofrimento — embora naquele momento o país estivesse atravessando fases de prosperidade e esperança. A chegada de Freud à Argentina se deu por iniciativa do filósofo e escritor espanhol José Ortega y Gasset, um apaixonado pelo país, onde tinha muitos amigos importantes, entre eles Victoria Ocampo, símbolo da elite cultural local. Sua irmã, Silvina Ocampo, foi casada com o escritor Adolfo Bioy Casares, um dos maiores nomes da literatura argentina e grande amigo de Jorge Luis Borges. Victoria Ocampo editou a emblemática revista *Sur*, na qual colaboraram escritores estrangeiros como Octavio Paz, Federico García Lorca, Pablo Neruda, Gabriel García Márquez, Gabriela Mistral e Waldo Frank.

Por recomendação de Ortega y Gasset, livros de Freud traduzidos para o espanhol começaram a ser enviados à Argentina e circularam entre os intelectuais. Em 1924, as obras completas de Freud se esgotaram nas livrarias portenhas, em grande medida pelo apoio do grupo liderado por Ocampo.

Alguns anos depois, emigraram para Buenos Aires os primeiros profissionais europeus formados na escola freudiana. O avanço do nazismo nas décadas de 1930 e 1940 e suas trágicas consequências expulsaram do continente europeu milhares de imigrantes, muitos dos quais escolheram a Argentina como destino. Em dezembro de 1942 foi fundada a Associação Psicanalítica Argentina (APA) e, em julho do ano seguinte, foi lançado o primeiro exemplar da *Revista de Psicanálise*. A APA é a associação psicanalítica mais antiga da América Latina e foi fundada, em sua maioria, por profissionais que imigraram da Europa durante a Segunda Guerra Mundial. Em 2023, sua sede está localizada no bairro portenho da Recoleta, zona nobre da capital argentina, onde são realizados cursos de formação, palestras e pesquisas.

Na década de 1950, a associação se aproximou do meio acadêmico com a realização de conferências organizadas por alguns de seus principais membros. Os muitos anos de ditadura após o golpe de 1955 contra o governo de Juan Domingo Perón frearam o crescimento da psicanálise na Argentina, pois a universidades ficaram sob intervenção estatal, que impôs uma forte oposição às ciências humanas e a alguns dos cursos ligados à área de saúde. A disciplina de Freud era vista como uma ameaça pelos militares argentinos, como em tantos outros países. No entanto, a resistência, sobretudo em Buenos Aires, foi forte. Em 1955, ano em que o segundo governo de Perón foi derrubado por um golpe, foi criada a Faculdade de Psicologia da UBA, muito influenciada pela psicanálise. Na década de 1960, apesar da repressão militar, a psicanálise chegou aos hospitais públicos argentinos. O ativismo de movimentos formados por psicanalistas e psicólogos conseguiu vencer a resistência que os militares tentaram impor. As ditaduras que a Argentina viveu antes da que se iniciou com o golpe de 24 de março de 1976 foram mais brandas e permitiram, em alguns casos, como o da psicanálise, algumas flexibilidades. Houve, ainda, períodos de governos civis, como os de Arturo Frondizi (1958–1962) e Arturo Illia (1963–1966), ambos da União Cívica Radical (UCR).

A década de 1970 foi um período de altíssima tensão no país. Em 1973, o retorno do ex-presidente Perón, após dezoito anos de exílio, marcou o início de uma profunda instabilidade política, violência e crise econômica, que terminaria no trágico golpe de Estado de 1976. Perón foi eleito pela terceira vez em 1973 e morreu em 1974. O curto governo de sua esposa e vice-presidente, Isabelita Perón, foi caótico e abriu espaço para uma das ditaduras mais sanguinárias da América Latina. Nesse contexto, a psicanálise é vítima da repressão, assim como toda a cultura argentina.

O mundo estava estremecido pelas mudanças que vieram na esteira do Maio Francês em 1968 e sua inevitável repercussão na Argentina. A psicanálise, naquele momento, propôs mudanças. Nesse cenário, aparecem as ideias de Lacan, que têm uma legião de seguidores na Argentina.

Diferentemente do que aconteceu em outros países do continente, na Argentina a psicanálise — sobretudo a influência de Lacan — esteve fortemente relacionada ao florescimento cultural e liberal dos anos 1960, o que explica, segundo alguns psicanalistas argentinos, o fato de que no país fazer terapia não está apenas relacionado a transtornos de saúde mental — tem a ver, também, com a curiosidade e o interesse pessoal em se conhecer melhor e explorar novos caminhos.

Com a recuperação da democracia, em 1983, a psicologia e a psicanálise entraram numa etapa de franca expansão. No bairro portenho de Palermo, surgiu até mesmo uma área que foi apelidada de Villa Freud por causa da grande quantidade de terapeutas que durante muitos anos tiveram seus consultórios na região. Perto desses consultórios foram abertos cafés e bares cujos nomes foram inspirados no crescente interesse pela psicanálise no país — especialmente em Buenos Aires. Entre eles, há o café "Complexo de Édipo", o "Sigmund" e, no bairro de San Telmo, o bar "Je suis Lacan" ("Eu sou Lacan").

A terapia está presente na literatura, nas novelas, nos programas de debates políticos e até mesmo em charges de jornal. Um dos personagens do cartunista Sendra, que há muitos anos publica suas tirinhas no jornal *Clarín*, é um psicanalista.

Nos últimos tempos, a relação dos argentinos com a terapia chegou às redes sociais. O humorista e criador de conteúdo digital Gabriel Lucero (@gabrielhlucero) é um dos que costumam abordar o assunto usando áudios verdadeiros de argentinos enviados pelo WhatsApp. Lucero ilustra os áudios com vídeos muito engraçados, nos quais personagens dão vida às falas. Em abril de 2023, um de seus posts mostrou uma argentina que dizia:

> A terapia é a coisa mais importante do mundo, mas agora estou muito zangada, nervosa. Meu dia ia bem, estava sem ansiedade... E agora estou péssima. O final da minha sessão de terapia foi uma merda. Não sei se a Marina, a minha terapeuta, quer continuar me atendendo ou se eu quero que a Marina continue me atendendo com esse humor de merda que ela tem. Acho que quem precisa de terapia é ela, mais do que eu, porque eu terminei zangada com a Marina. Por que diabos eu faço terapia com a Marina?

Segundo Adriana Guraieb, muitos dos que estudaram o vínculo entre os argentinos e a terapia chegaram à conclusão de que ele tem bastante a ver com o fato de os argentinos falarem abertamente sobre seus problemas, em alguns casos muito mais do que seus vizinhos sul-americanos e de outros países latino-americanos. A sinceridade de muitos argentinos choca alguns estrangeiros. Se perguntarmos a um argentino como ele está, geralmente a resposta será "estou mal", e logo depois nos será apresentada uma lista de problemas que essa pessoa está enfrentando naquele momento. Os argentinos, de fato, ficam surpresos quando fazem a mesma pergunta a um brasileiro e a resposta é, muitas vezes, "tudo bem". Os *hermanos* não conseguem entender como é possível estar sempre tudo bem, já que estão acostumados a fazer uma catarse a qualquer momento do dia e com qualquer pessoa que lhes pergunte como vai a vida.

Adriana explica que muitos argentinos de fato afirmam que, de acordo com sua cultura, as pessoas se abrem facilmente, se cumprimentam dando um beijo na bochecha, inclusive entre aquelas que não são muito próximas, e falam de seus sentimentos. "Nós nos reunimos para tomar um café com o prazer de não ter limites de tempo." O argentino é solidário, gosta de conversar, de saber da vida do outro e de falar sobre a própria vida. A psicanalista, contudo, afirma que há uma contrapartida nesse comportamento e que esse modo de ser também gera diversos problemas no dia a dia:

Essa sobrecarga emocional diminui nossa eficiência e dificulta a tomada de decisões. Pedir ajuda a um profissional da psicologia implica, na maioria das vezes, o reconhecimento de que algo não está funcionando bem. Mas, quando alguém tem problemas e não pede ajuda, a patologia em questão pode piorar rapidamente.

Segundo Adriana, atualmente cerca de 75% dos profissionais em atividade no país se dedicam a atender pacientes em seus consultórios particulares, muitas vezes em parceria com planos de saúde. Neste caso, as consultas costumam ser mais curtas e, segundo quem já as experimentou, menos eficientes do que as consultas particulares — uma reclamação que também é frequente no Brasil. A concentração de profissionais no sistema privado — incluindo os que aceitam planos de saúde — causou um déficit de terapeutas na saúde pública, situação que chega a ser crítica em alguns hospitais de Buenos Aires. E, após a pandemia, o sistema colapsou. No primeiro semestre de 2023, alguns terapeutas, como Adriana, tinham lista de espera, e hospitais públicos de Buenos Aires ficaram sem profissionais, deixando muitos pacientes em situação de abandono.

Frequentemente a imprensa local publica matérias que listam as razões pelas quais os argentinos procuram com tanta frequência um analista. Em uma reportagem publicada em julho de 2016 no site Infobae, algumas das razões mencionadas são patologias específicas, a necessidade de resolver um conflito pontual, a busca por desenvolvimento pessoal e autoconhecimento, o desejo de entender melhor a si mesmos e sua história familiar, ou conquistar determinadas metas. Esses motivos, porém, podem ser infinitos. Uma pesquisa realizada pela Universidade Aberta Interamericana (UAI), também em 2016, revelou que, entre os argentinos que faziam terapia naquele momento, 71,4% tinham consultas semanais, e os outros 28,6%, quinzenais. Na mesma reportagem, a psicóloga María Romina Leardi comentou que, "em geral, as pessoas buscam alguém em quem confiar. O divã chega depois, quando surge a consciência sobre o sofrimento, sobre algo que não anda bem na vida, quando a angústia ou a depressão se tornam conscientes". Segundo a especialista, as consultas mais frequentes são devido a sintomas agudos, como ataques de pânico, perdas amorosas e ansiedade. "Atualmente, muitas pessoas buscam os consultórios para tratar de questões específicas e não têm interesse em tratamentos longos. Os psicólogos atuam para acalmar a dor psíquica." Somente em Buenos Aires, estima-se que 60 mil psicólogos estejam atualmente ativos, atendendo, principalmente, em seus consultórios particulares.

Alguns deles viraram celebridades nacionais. É o caso de Gabriel Rolón (@gabriel.rolon), que é psicanalista, escritor e músico. Ele participa de programas de rádio, escreveu obras que foram best-sellers na Argentina e, no início de 2023, atuou na peça *Palavra plena*, que percorreu várias cidades argentinas. Seu livro de maior sucesso, *Histórias de divã,*[*] lançado em 2005, conta oito histórias de pacientes que passaram por seu consultório. Os casos abordam sentimentos como ciúme, luto e culpa. Rolón é considerado um dos profissionais que conseguiram amplificar a divulgação da psicanálise através dos meios de comunicação, da literatura e do teatro. *Histórias de divã* foi traduzido para português, francês, alemão e italiano, e inspirou séries de TV, peças de teatro e debates acadêmicos. Nas redes sociais, Rolón publica vídeos nos quais transmite suas ideias. Em um deles, explica: "Ser psicanalista é ter a vontade e o desejo de entrar em caminhos de muita dor; é uma especialidade dentro da psicologia, a que eu escolhi. Buscamos compreender que as dores de uma pessoa têm uma origem". Em seu consultório no bairro da Recoleta, o psicólogo Fernando Manuel Guerrero, que decidiu estudar psicologia quando já tinha mais de quarenta anos e hoje já passa dos oitenta, sempre atendeu apenas pacientes adultos, em alguns casos, casais em crise. Muitos deles se negam a ter alta, como ele conta: "Tenho um paciente que é cirurgião e se recusa a deixar o tratamento, embora eu já tenha lhe dito que podemos encerrar as consultas porque ele já está bem. Não tem jeito. Uma vez por mês nos encontramos para conversar e ele faz questão de me pagar". Fernando também concorda que a terapia se tornou um elemento de ajuda para conduzir a vida em um país extremamente complicado:

> Nem sempre existe uma necessidade em matéria de saúde mental. Muitas vezes, os pacientes apenas precisam de ajuda para crescer em algum

---

* São Paulo: Planeta, 2008.

aspecto de suas vidas ou falar da dor que lhes causa uma sociedade como a nossa, na qual predomina um "salve-se quem puder" e falta uma atitude de comunidade, de solidariedade entre nós mesmos.

As sucessivas crises argentinas, atestou o psicólogo, criaram traumas sociais muito profundos e transformaram o hábito de fazer terapia em "uma normalidade nacional".

Dados de um plano de saúde particular de Buenos Aires confirmam que o principal motivo que leva os argentinos a fazerem terapia é a angústia em suas diferentes formas. Recolhidos no ano de 2022, esses dados mostram que 52,6% das consultas psicológicas foram motivadas por transtornos de ansiedade, como fobias e crises de angústia. Outras razões foram: transtornos do estado de ânimo, como depressões (8,5%); transtornos de personalidade (4,6%); esquizofrenia (1,2%) e transtornos alimentares (0,2%).

Situações que não causam estresse em outros países latino-americanos, como a evolução da cotação do dólar em relação à moeda local, na Argentina geram angústia. As crises econômicas dos últimos setenta anos deixaram marcas evidentes na sociedade, e, cada vez que o país se aproxima de situações que trazem à memória as turbulências do passado, o estado de angústia nacional cresce. A economia é, sem dúvida, um elemento importante na hora de estudar a relação entre os argentinos e a terapia — mas não apenas. Existem outros fatores, por exemplo, e sobretudo entre as mulheres, a preocupação com a aparência. As mulheres argentinas têm uma exigência muito superior à de outras latino-americanas em relação à magreza. O médico clínico e nutricionista Alberto Cormillot, autor de cinquenta livros, a maioria sobre alimentação saudável e dietas, está convencido de que na Argentina existe um nível de discriminação a pessoas acima do peso — não necessariamente obesas — maior do que em outros países da região. Em seu consultório no bairro de Saavedra, onde dirige uma das clínicas de emagrecimento mais famosas do país, ele comentou:

Vi pesquisas que mostravam que 90% das mulheres entrevistadas diziam que queriam emagrecer. Obviamente, praticamente todas elas não precisavam perder peso, mas acabaram influenciadas por um estereótipo nacional que prega uma magreza extrema. Isso causa enorme angústia em muitas pessoas e é motivo de tratamentos psicológicos.

As crises conjugais também levam muitas pessoas a fazerem terapia na Argentina — com ou sem o parceiro. Durante a pandemia e o confinamento, o número de divórcios duplicou, passando de 12.382 em 2020 para 24.551 em 2021. A lei do divórcio vigora na Argentina desde 1985, e, depois de algumas reformas, o país passou a ter o que se chama popularmente de "divórcio *express*": basta um dos cônjuges desejar a separação para a Justiça concedê-la. Caso as duas partes estejam de acordo, o processo de divórcio pode ser concluído em apenas um mês. Segundo Fernando Manuel Guerrero: "Muitos casais fazem terapia na Argentina. Problemas conjugais são um dos motivos mais comuns para a busca por tratamento psicológico. As crises do país, nesse aspecto, tampouco ajudam". Em sua carreira, ele já selou muitas reconciliações e, também, separações definitivas.

Fernando frisa que muitos casais chegam a seu consultório para trabalhar a relação, e não apenas quando a situação já está em estado crítico. O psicólogo conclui:

> Os casais argentinos têm a tendência a conversar bastante sobre o relacionamento, a falar muito — e, em geral, a discutir demais. Alguns tratamentos são longos, dolorosos e profundos. Mas assim somos nós, os argentinos, em todos os aspectos de nossa vida.

6

Cinema de qualidade e para exportação

O cinema argentino faz mais sucesso no Brasil do que o cinema brasileiro na Argentina. Ninguém sabe explicar muito bem por que isso acontece, mas o fato é que o cinema produzido pelos *hermanos* tem um público cativo em nosso país. Quando *Argentina, 1985* concorreu ao Oscar de Melhor Filme Internacional em 2023, a torcida brasileira foi grande. A produção, estrelada por Ricardo Darín, ator argentino que tem uma legião de fãs no Brasil, foi apresentada em festivais realizados no nosso território, entre eles o do Rio de Janeiro, e teve ampla repercussão na nossa imprensa. O filme conta a história do julgamento de militares que participaram da última ditadura argentina (1976–1983) realizado em 1985 e, desde então, uma referência global para cortes que julgam crimes de violação dos direitos humanos. A obra, infelizmente, não levou a estatueta.

Essa derrota causou profunda tristeza na equipe envolvida na produção do filme, entre eles o produtor Axel Kuschevatzky, um dos mais conhecidos do cinema argentino. Ele foi o produtor de *O segredo dos seus olhos*, que, em 2010, deu à Argentina seu segundo Oscar de Melhor Filme Internacional. O primeiro foi conquistado em 1985 com *A história oficial*, um dos primeiros a retratar, já com a democracia recuperada, os crimes cometidos pelos militares durante os anos de chumbo, entre eles o roubo de bebês nascidos em centros clandestinos de detenção. O filme foi estrelado por Norma Aleandro e Héctor Alterio, referências do cinema e do teatro argentinos. A dupla cativou Hollywood com um retrato humano e comovente do que foram a ditadura e os anos logo após a queda do regime, quando muitas famílias viveram o drama de descobrir que os bebês que acreditavam ter adotado de forma legal haviam nascido em centros de tortura da ditadura e separados de suas mães, que se encontravam detidas e, em muitos casos, terminaram sendo assassinadas. O filme fez um enorme sucesso em um momento em que a Argentina e o mundo descobriram os terríveis crimes que foram cometidos pelos militares no país.

Argentina, 1985 também fala sobre esse período tão difícil para os argentinos. Foi um retorno corajoso a um passado que deixou traumas em toda a sociedade. A expectativa pela vitória era grande — ainda mais depois de o país ter conquistado a terceira Copa do Mundo, em 2022. Alguns dias após a amarga derrota, Kuschevatzky comentou em uma entrevista que me concedeu sobre cinema argentino e sua experiência como produtor de grandes filmes:

> Eu estava preparado para isso porque sei como o sistema funciona, mas também fiquei chateado. Sei que não foi nada contra o filme, todas as obras que disputavam o Oscar eram muito boas, e quem finalmente ganhou [*Nada de novo no front*] foi ajudado pelo contexto da guerra entre a Rússia e a Ucrânia. Os eleitores latino-americanos da Academia de Cinema de Hollywood são um grupo minoritário, e isso não nos ajuda.

O Oscar de 2010 mudou a vida do diretor para sempre. Alguns anos depois, ele se mudou para Los Angeles e criou a própria produtora independente, a Infinity Hill, envolvida em diversos projetos nos Estados Unidos, na Argentina e em países europeus. Kuschevatzky é uma figura reconhecida no mundo do cinema, assim como outros atores, diretores e produtores argentinos. Ele já participou em mais de oitenta produções nacionais e internacionais. Na Argentina, trabalhou em vários filmes que fizeram grande sucesso no Brasil, como *Relatos selvagens*.

O cinema argentino é sinônimo de qualidade, e, para Kuschevatzky, isso tem a ver com uma longa trajetória, que teve início com as primeiras projeções no país, em 1896. Dois anos depois, já eram realizadas filmagens em Buenos Aires. No começo, os filmes curtos retratavam cenas da vida cotidiana. A invenção dos irmãos Lumière foi incorporada à vida cultural argentina, como tantos outros produtos que chegavam da Europa, logo após a sua criação. Como explica Kuschevatzky:

> A Argentina, junto com o México, é um dos países da América Latina com maior tradição em cinema, com a diferença de que a produção do último é mais voltada para o mercado interno. A Argentina, talvez por ser mais aberta ao mundo, pensa nos mercados internacionais.

O fato de ser considerado, durante muito tempo, o país mais europeu da América Latina explica bastante a precocidade da indústria cinematográfica argentina e como a atividade se desenvolveu a ponto de ser tornar uma tradição nacional.

Muitos brasileiros se perguntam como um país com tão poucos recursos, que aparece nos noticiários como falido e sempre à beira do colapso econômico e social, faz para ter um cinema de tanta qualidade. A resposta, na visão de Kuschevatzky, é, essencialmente, por sua tradição e pela excelente qualidade de seus recursos humanos. O cinema está no DNA dos argentinos e, apesar das sucessivas crises que assolaram o país nos últimos oitenta anos, conseguiu sobreviver e continuar sendo uma atividade em crescimento, pela qual se interessam muitos jovens argentinos e estrangeiros, que lotam as faculdades de cinema do país.

Enquanto, como já mencionado, outros países têm essa indústria muito focada no mercado interno, como México, Chile e Uruguai, a Argentina tem um cinema pensado para o mundo, que circula com facilidade e recebe excelentes críticas nos festivais internacionais. Kuschevatzky relaciona essa característica ao fato de Buenos Aires ser uma cidade que sempre girou em torno de seu porto, o que proporciona aos portenhos uma conexão com o mundo e, principalmente, com a Europa — sobretudo na primeira metade do século passado. Estima-se que o público que assiste ao cinema nacional mexicano em seu próprio país seja quatro vezes superior ao público argentino que vê filmes argentinos na Argentina. Isso faz com que as produções nacionais sejam pensadas para um mercado muito mais amplo, e, de fato, acabam fazendo muito sucesso nos festivais estrangeiros e em países que consideram o cinema argentino como um cinema de culto, entre eles o Brasil.

"Por incrível que possa parecer para um brasileiro que ama cinema argentino, em sua própria terra as produções nacionais ainda enfrentam um certo preconceito", comentou o jovem cineasta Francisco Bouzas, que aos 34 anos leva adiante uma carreira no mercado audiovisual em um momento complicado para a economia em geral e para as produções culturais em particular. Para se ter uma ideia, no primeiro semestre de 2023 o grande sucesso de bilheteria nos cinemas da Argentina foi o filme americano *Super Mario Bros.*, que em apenas um feriadão levou 700 mil argentinos aos cinemas. Já o filme nacional *La extorsión*, estrelado por outra celebridade do cinema argentino, o ator Guillermo Francella, no mesmo período vendeu 120 mil ingressos. "Depois da pandemia, o público do cinema nacional caiu ainda mais", contou Bouzas, que já produziu filmes premiados em festivais internacionais como o de Málaga, na Espanha, e no Festival Internacional de Cinema Independente de Buenos Aires, um dos mais importantes da Argentina, criado na década de 1990.

A falta de público no país também tem a ver com a redução do número de cinemas nas grandes cidades. Nos últimos anos, muitas salas fecharam em Buenos Aires, e hoje restam apenas as que estão localizadas em grandes shoppings. Cinemas históricos da cidade, como El Ateneo Grand Splendid, que no ano 2000 foi transformado na maior livraria da cidade, e considerada uma das mais bonitas do mundo, fecharam as portas. O prédio do antigo El Ateneo lembra os anos de ouro da Argentina, no começo do século xx. Em 23 de maio de 1923, o prédio foi inaugurado como a sede da emissora de rádio Splendid. Em 1924, passou a se chamar Rádio Grand Splendid, e foi lá que o famoso cantor de tango Carlos Gardel debutou no rádio, em outubro de 1929. O prédio depois se transformou em teatro e cinema, até que, com a crise econômica do final do século passado, acabou virando uma gigantesca livraria, muito visitada pelos turistas estrangeiros.

Entre os poucos cinemas tradicionais que restam em Buenos Aires está o Gaumont, na avenida Rivadavia, próximo ao Congresso Nacional, que pertence ao estatal Instituto Nacional de Cinema de Artes Audiovisuais (Incaa).

Ainda funcionam também os cinemas Lorca, na avenida Corrientes, inaugurado em 1968, e o cinema Cosmos, que pertence à Universidade Nacional de Buenos Aires (UBA) e se localiza na mesma avenida. Contudo, até os anos 1990 existiam diversas salas de exibição em bairros como Belgrano, Palermo, Barrio Norte, Recoleta e no centro. Ir ao cinema era um programa habitual entre os argentinos, algo que os jovens, nos últimos anos, foram abandonando aos poucos, e que se tornou cada vez menos frequente.

Entretanto, a tradição cinematográfica nacional continua sendo forte apesar das permanentes crises econômicas. É preciso voltar aos últimos anos do século XIX e aos primeiros do século XX para entender como a arte do cinema penetrou intensamente na sociedade argentina e se transformou em um elemento central de sua cultura. As primeiras projeções de cinema foram realizadas em 1896, no antigo teatro Odeón, no centro de Buenos Aires. Os eventos foram organizados por Francisco Pastor, que era o dono do teatro e, anos depois, lançou uma das revistas mais importantes entre as publicações argentinas do século passado, a *Caras y Caretas*. As primeiras filmagens com o cinematógrafo inventado na França eram muito simples. Não havia narrativa, apenas a exibição de cenas da vida cotidiana. A importação de câmeras francesas começou em 1897, e um francês chamado Eugène Py foi o primeiro diretor e cinegrafista do país. Ele filmou o curta *A bandeira argentina*, cujo conteúdo é autoexplicativo: uma bandeira nacional tremulando ao vento. Esse é considerado o primeiro filme argentino.

Em 1898, o cirurgião Alejandro Posadas filmou as próprias cirurgias, e assim nasceu o cinema cirúrgico argentino. Em 1900 foram abertas novas salas de projeção em Buenos Aires, começaram a ser gravados os primeiros noticiários e o primeiro filme de ficção chegou em 1910: *A revolução de maio*, que narrava o início do processo de independência da Argentina. O primeiro longa-metragem foi *Amalia*, de 1914, uma adaptação do romance escrito em 1851 por José Mármol. Em 1917, Emilia Saleny tornou-se a primeira mulher diretora de cinema da América Latina com *Paseo trágico* [Passeio trágico] e *El pañuelo de Clarita* [O lenço de Clarita]. Ela nasceu em Buenos Aires em outubro de 1894 e viveu até os 83 anos. Emilia é considerada uma das grandes pioneiras do cinema nacional e, sem dúvida, uma referência para as mulheres que mais tarde seguiram carreira no audiovisual. Era filha da atriz italiana Victoria Pieri, e seus tios eram atores consagrados na Itália. Em 1910, ela viajou para o país de sua mãe para estudar interpretação e retornou a Buenos Aires em 1914 quando estourou a Primeira Guerra Mundial.

Contudo, o pioneirismo de Emilia Saleny é controverso. Segundo o pesquisador argentino Lucio Mafud, um estudioso do cinema mudo, a primeira mulher a fazer cinema na Argentina foi, na verdade, Angélica García Mansilla, que em 1915 dirigiu *Un romance argentino*. A verdade é que os pesquisadores não chegam a um consenso, embora grande parte deles sustente que a pioneira foi mesmo Emilia. Em uma reportagem sobre a questão publicada em 8 de março de 2022, Dia Internacional da Mulher, o jornal *Diario10*, que circula apenas em versão digital, fez uma homenagem às mulheres do cinema argentino e afirmou que:

> Muitos asseguram que Emilia Saleny foi a primeira mulher a dirigir um filme na Argentina, embora outros concedam esse mérito a Angélica García Mansilla. Dado que muitas das obras do cinema mudo argentino foram perdidas com o passar do tempo, nem todos os historiadores convergem na hora de dizer quem foi a primeira diretora de cinema do país.

Na primeira metade do século xx, outras diretoras começaram a construir um caminho na indústria nacional, entre elas María B. de Celestini e Vlasta Lah. Vlasta nasceu em 1913 na província de Trieste, no antigo Império Austro-Húngaro, e na década de 1930 emigrou para a Argentina. Ela foi a primeira mulher a dirigir um longa-metragem sonoro no país e, por décadas, foi uma referência do cinema latino-americano — e uma das poucas mulheres que brilharam nesse cenário predominantemente masculino. No total, a cineasta participou de mais de vinte produções e, durante os dois primeiros governos do general Juan Domingo Perón, foi diretora da Escola Superior de Arte Cinematográfica, que recebia vastos recursos estatais. Em seus dois primeiros governos, entre 1946 e 1955, Perón injetou dinheiro na cultura, vista por ele como uma maneira de fazer propaganda de sua gestão. No texto intitulado "Cine y peronismo. El Estado en escena" [Cinema e peronismo. O Estado em cena], de Liliana Sáez, publicado na edição de dezembro/janeiro de 2010 da revista especializada *El espectador imaginario*, a autora afirma que com Perón "o Estado argentino usou o cinema para comunicar sua obra de governo e tentar mudar a mentalidade de uma sociedade que, em sua grande maioria, sentia que não tinha a oportunidade de crescimento que Perón conseguiu mostrar durante esses dez anos". No mesmo texto, a autora menciona um trabalho de pesquisa realizado por Clara Krieger no qual ela afirma que "a política cinematográfica argentina daqueles anos se caracterizou pelo protecionismo da indústria, por meio de uma legislação que apoiava o cinema nacional, e pela localização do país em um panorama global, com a criação do Festival Internacional de Mar del Plata", que continua sendo organizado todos os anos.

Já María B. de Celestini foi diretora e roteirista do drama *Mi derecho* [Meu direito], de 1920, que, segundo comentou Mafud em entrevista ao jornal *Página/12*, em 21 de novembro de 2021, trata pela primeira vez de direitos femininos e desafia o patriarcado imperante. "No filme, os mandatos familiares negam a uma jovem de classe alta a possibilidade de exercer a maternidade de um filho que teve fora do casamento", contou o pesquisador. Depois do filme, em 1923 María dirigiu uma peça de teatro sobre a história de uma mulher que era obrigada pela família a se casar. Seu trabalho era profundamente vanguardista para seu tempo.

Nos primeiros anos do século passado, estima-se que foram realizadas mais de duzentas produções cinematográficas na Argentina. Muitas delas foram estreladas pelo cantor de tango Carlos Gardel, como seu primeiro longa-metragem, *Flor de durazno* [Flor de pêssego], baseado num livro do escritor Hugo Wast. Kuschevatzky lembrou, ainda, que o primeiro filme pornográfico do mundo foi feito na Argentina, embora existam controvérsias a respeito. Trata-se de uma película muda de pouco mais de quatro minutos lançada em 1907, da qual se fizeram pouquíssimas cópias. O filme retrata seis ninfas que conversam em um bosque quando surge um homem vestido de diabo, que sequestra uma delas. O monstro ataca uma das ninfas, ambos fazem sexo oral e praticam várias posições sexuais até que as outras cinco ninfas aparecem para resgatar a colega. Naquele tempo, Buenos Aires era um centro mundial de prostituição, portanto, como Kuschevatzky conclui, "faz sentido pensar que o primeiro filme pornográfico do mundo seja argentino". O pesquisador Pablo Bem explica que nesse período a prostituição adquiriu uma dimensão nunca vista:

> A explosão demográfica de Buenos Aires relacionada ao desenvolvimento de um sistema moderno de transporte e à migração em massa levou a uma presença expressiva de homens que chegaram à cidade e demandavam sexo em troca de dinheiro. Houve uma explosão do sexo comercial, que entre 1850 e 1950 afetou muitas cidades argentinas.[*]

Os primeiros grandes estúdios argentinos surgiram na década de 1930, entre eles o famoso Argentina Sono Film, fundado em 1933 e que até hoje segue de portas abertas. Foi uma iniciativa de Luis José Moglia Barth, que já havia dirigido filmes mudos, associado ao comerciante de filmes Ángel Mentasti. O primeiro filme do estúdio foi *¡Tango!*, composto por uma sucessão de musicais com cantores e atores muito populares naquela época, como Luis Sandrini, Libertad Lamarque, Tita Merello, Pepe Arias e Juan Sarcione. Com muita influência europeia e, também, norte-americana, os estúdios de cinema da Argentina cresceram e criaram uma indústria pujante, e ao redor deles se construiu uma cultura de celebridades com atores e cantores locais similar à que se tinha em Hollywood. Outro estúdio importante da época foi o Lumiton, que em 1933 estreou o famoso filme *Los tres berretines* [As três malcriações], dirigido por Enrique T. Susini, que tratava de temas como tango, futebol e cinema. A obra foi estrelada por Luis Sandrini, Luis Arata e Aníbal Troilo.

Em pouco tempo, os estúdios argentinos produziam, em média, trinta filmes por ano, que eram exportados para vários países da América Latina. Os atores mais importantes da época eram Lamarque, Sandrini e a humorista Niní Marshall. Niní foi um dos grandes nomes do rádio e do cinema nacionais com suas personagens emblemáticas Catita e Cándida, inspiradas na imigração europeia do começo do século xx. Nos anos 1940, a atriz protagonizou grandes produções do cinema argentino, como *Carmen* e *Madame Sans Gene*, pelo

---

[*] "História global e prostituição portenha: o fenômeno da prostituição moderna em Buenos Aires, 1880-1930", disponível em: https://estudiosmaritimossociales.org. Acesso em: 7 jun. 2023.

qual foi premiada em festivais internacionais. A atriz teve dificuldades para conseguir trabalho quando o general Perón se tornou o centro da política argentina, antes mesmo de sua vitória nas eleições de 1946. Niní se exilou no México e só voltou ao país em 1955, após a queda de Perón. A famosa atriz argentina é conhecida como "a dama do humor" e "a Chaplin de saias".

O começo dos anos 1930 até a década de 1950 foi um período marcado pelo boom do cinema argentino. Novos estúdios foram abertos, o volume da produção se multiplicou e as estrelas nacionais brilharam dentro e fora do país, como a atriz Libertad Lamarque, que foi uma celebridade no México, onde morreu no ano 2000, aos 92 anos.

A história de Lamarque é especialmente interessante. Ela estreou seu primeiro filme mudo em 1930 e depois participou do popular ¡Tango!, que a tornou muito conhecida na Argentina. Lamarque cantava e atuava e era uma verdadeira diva do cinema nacional, tendo participado de dezenas de filmes. Seus problemas, porém, começaram quando teve de compartilhar o set com a então atriz Eva María Duarte, que poucos anos depois se tornaria a primeira-dama do país. A relação entre ambas sempre foi motivo de debate, e, em seus últimos anos de vida, Lamarque disse que as tensões entre ela e Evita, no final das contas, a beneficiaram, porque, sem conseguir bons papéis na Argentina, a atriz rumou para o exílio e acabou se naturalizando mexicana. No novo país, ela estrelou dezenas de filmes e se tornou uma celebridade do cinema latino-americano, superior, inclusive, em alguns aspectos, ao fenômeno Ricardo Darín, que, ao contrário de Lamarque, nunca deixou a Argentina. Darín é um ator conhecido e respeitado em toda a América Latina e em países como Espanha, Itália e Portugal, mas Lamarque era uma celebridade latino-americana de outras dimensões, chegando a ser chamada de "a namorada da América", título de um de seus filmes.

Com a chegada do peronismo ao poder, em 1946, a produção de cinema começou a sentir, pela primeira vez, o impacto da política — e, posteriormente, da economia. Os recursos estatais para produções locais diminuíram, e os estúdios enfrentaram dificuldades financeiras, pois o consumo nacional de cinema caiu. Entretanto, a situação pioraria ainda mais com a Revolução Libertadora — como foi chamado o golpe militar que derrubou Perón em 1955. A partir daí, a Argentina passou por períodos de censura, e o acesso a recursos econômicos foi ficando cada vez mais limitado. Entre 1950 e 1990, muitos estúdios fecharam as portas. Outros, como o famoso Aries Cinematográfica Argentina Sociedad Anónima, criado em 1956 por Fernando Ayala e Héctor Olivera, passaram pela tempestade sem percalços por terem se especializado em filmes mais populares, que os sucessivos governos argentinos — civis ou militares — toleravam sem dificuldades.

Em paralelo, surgiram as películas de autor, mais reflexivas, muitas vezes baseadas em adaptações de obras literárias e que abordavam, também, temas políticos. Tendo como referência grandes nomes do cinema europeu, sobretudo a Nouvelle Vague e as obras do sueco Ingmar Bergman, cineastas argentinos com um perfil mais intelectual como Leopoldo Torre Nilsson fazem grande sucesso e consolidam novas tendências nas telas, dentro e fora do país. Torre Nilsson, falecido em 1978, é considerado por muitos como o grande mestre do cinema argentino das décadas de 1960 e 1970. Seus filmes consagraram atores argentinos como Graciela Borges, Bárbara Mujica, Alfredo Alcón e Leonardo Favio. Seu primeiro longa-metragem foi *O crime de Oribe*, adaptação de um romance de Adolfo Bioy Casares. Seu trabalho marcou a carreira de muitos cineastas argentinos, sobretudo na década de 1960. Torre Nilsson fez filmes sobre fatos e personagens centrais da história argentina, como *O santo da espada*, de 1970, sobre o general José de San Martín. Alguns de seus filmes foram premiados em festivais na Rússia e na Alemanha. Era um cinema menos industrial — e menos popular. Na mesma época, outros nomes do cinema argentino faziam muito mais sucesso, como Armando Bo, um ex-ator e ex-jogador de basquete que produz grandes melodramas com sua musa inspiradora, a atriz Isabel Sarli, espécie de Sophia Loren — menos sofisticada — do cinema argentino.

A partir de 1963, apareceu em cena o que especialistas em cinema argentino chamam de "filmes picarescos" (o nome vem do adjetivo "pícaro", pouco usual no Brasil, mas que na Argentina significa algo similar a "safado"), que são, basicamente, produções com conteúdo sexista. O grande nome do gênero foi Daniel Tinayre, que produziu filmes sobre casais rodados em motéis, com muitos elementos sexuais. Em 1963, o filme mais visto do ano na Argentina foi *A cigarra não é um bicho*, dirigido por Tinayre, que conta as peripécias vividas por seis casais em um motel portenho chamado

La Cigarra, onde devem permanecer em quarentena porque uma prostituta que foi ao estabelecimento acompanhada de um francês contaminou o local com a peste bubônica. O cinema picaresco teve grandes atores, como Alberto Olmedo e Jorge Porcel, e ambos fizeram dezenas de filmes e programas de TV que giravam em torno de uma visão machista da sociedade, sempre acompanhados por mulheres exuberantes e vestindo poucas roupas que entravam nas brincadeiras sexistas dos protagonistas vividos pelos dois atores. Era a versão *hermana* das pornochanchadas brasileiras.

Durante a ditadura que se impôs na Argentina entre 1976 e 1983, esse cinema popular continuou indo de vento em popa. Eram produções pensadas quase que exclusivamente para o público local, que estava vivendo um dos regimes militares mais repressores das últimas décadas na América Latina. Muitos diretores e atores optaram pelo exílio. A abertura só começou a acontecer por volta de 1981. Um filme emblemático dessa época é *Tempo de revanche*, lançado em 1982, um drama protagonizado pelo ator Federico Luppi, estrela do cinema nacional. A obra foi uma maneira que o diretor Adolfo Aristarain encontrou de denunciar o que estava acontecendo em seu país. Sem falar diretamente sobre a ditadura, o tema principal da película é a morte. O filme venceu prêmios nacionais e internacionais, entre eles os prêmios do Festival de Cinema de Havana, em Cuba, e de Montreal, no Canadá. É considerado um dos melhores filmes argentinos de todos os tempos, de acordo com uma pesquisa realizada pelo Museu do Cinema Pablo Ducrós Hicken, fundado em 1971 e dedicado a preservar, investigar e divulgar o cinema nacional.

A história oficial, primeiro filme argentino e latino-americano a ganhar o Oscar de Melhor Filme Internacional, foi produzido durante a ditadura, mas só chegou aos cinemas quando o país já havia recuperado sua democracia, no final de 1983.

Com o fim do regime militar, o cinema argentino voltou a recuperar o brilho de épocas passadas, sem censura. O governo do primeiro presidente pós-ditadura, Raúl Alfonsín, derrubou todas as restrições impostas pelos militares e ampliou os recursos destinados à produção de cinema nacional. Durante os anos de crise, como a hiperinflação de 1989, o cinema sofreu — como todo o resto da Argentina —, porém, ao contrário do que temeram muitos entusiastas, conseguiu sobreviver a todas elas e, na década de 1990, teve um momento de esplendor que explica muito do que tem sido produzido no país nos últimos trinta anos.

Na Argentina, muitos cineastas contam com o apoio do Incaa, o equivalente à Ancine, no Brasil. Nos anos 1990, no governo do ex-presidente peronista Carlos Menem (1989–1999) — que adotou uma política econômica neoliberal —, os recursos destinados ao cinema chegaram a níveis mínimos, o que levou, segundo lembram produtores locais, a anos em que o país estreou apenas quatro filmes (a média atual é de cerca de duzentos filmes por ano). Mas foi também a época em que se formaram muitos novos diretores que tempos depois se consagraram no país e no exterior, como Pablo Trapero, vencedor do prêmio de melhor diretor na primeira edição do Festival Internacional de Cinema Independente de Buenos Aires, em 1999, com seu primeiro longa-metragem, *Mundo grua*.

Trapero e outros diretores de sua geração são parte do que se chama de Novo Cinema Argentino (NCA), um movimento artístico que surgiu em meados da década de 1990 e representou um novo momento do cinema nacional, muito diferente dos que se viveram anteriormente, sobretudo nas décadas de 1970 e 1980. Outros diretores que fizeram parte do NCA são Adrián Caetano, Lucrecia Martel, Bruno Stagnaro, Daniel Burman e Damián Szifron. Muitos deles se formaram na prestigiada Fundação Universidade do Cinema (FUC), criada em 1991 pelo diretor de cinema Manuel Antín, com sede no bairro portenho de San Telmo. Nos últimos trinta anos, essa universidade, considerada uma das melhores da América Latina e do mundo, formou cineastas de diversas nacionalidades. Estima-se que metade de seus alunos sejam estrangeiros. A FUC é particular e oferece uma variedade de especializações disponíveis em poucas outras instituições ao redor do mundo. Alguns de seus alunos construíram carreiras muito bem-sucedidas no exterior, entre eles Andy Muschietti, responsável pela direção dos blockbusters hollywoodianos *The Flash* e a franquia *It – A Coisa*.

A primeira universidade de cinema da América Latina foi fundada na década de 1950 na cidade de La Plata, capital da província de Buenos Aires. A Argentina tem atualmente várias opções, nas redes pública e particular, para quem quiser estudar cinema. Como conta Francisco Bouzas, apesar dos problemas, o país é um campo fértil para quem quer trabalhar com audiovisual:

> Os novos cineastas argentinos são muito reconhecidos no mundo. Eu fiz uma pós-graduação em San Sebastián, na Espanha, e metade dos alunos eram argentinos. Vou a palestras em festivais e todo mundo conhece o nosso cinema. Somos muito competitivos e, como nosso mercado interno está em queda livre, o mercado internacional é muito importante para nós.

Ele também destacou a importância das faculdades de cinema no interior do país, como nas províncias de Córdoba e Santa Fé. Kuschevatzky também se junta ao coro e acrescenta: "A Argentina é um dos países com mais estudantes de cinema no mundo, equivalente aos números de países como a França". Dados extraoficiais divulgados pelo site universia.net em setembro de 2019[*] indicam que naquele momento existiam cerca de 16 mil estudantes de cinema na Argentina, dos quais pelo menos 25% eram estrangeiros. Kuschevatzky frisou:

> Nos últimos trinta anos, fizemos um cinema mais conectado com o mundo e um cinema com identidade própria. Temos o cinema no nosso DNA, realizamos uma longa trajetória, possuímos recursos humanos de excelência e fazemos o cinema mais sofisticado da América Latina. Nossos cineastas fazem sucesso e são reconhecidos nos Estados Unidos e na Europa.

Na Espanha, os atores argentinos são uma legião que faz muito sucesso. Darín é uma das estrelas, claro, mas ele não está sozinho. Outros, que em muitos casos também são cidadãos espanhóis, estrelam obras de diversos diretores, entre eles Pedro Almodóvar, um amante confesso do cinema argentino — Cecilia Roth e Darío Grandinetti são alguns dos atores preferidos do diretor espanhol.

---

[*] Disponível em: https://www.universia.net/ar/actualidad/orientacion-academica/que-estudiar-cine-argentina-1166138.html. Acesso em: 7 jun. 2023.

Já Darín é o ator argentino mais conhecido no Brasil e em outros países, como os Estados Unidos. Conforme comentou Kuschevatzky, na cerimônia de entrega do Oscar de 2023 todos perguntavam por Darín: "É muito impressionante como os grandes nomes do cinema americano, como Steven Spielberg, conhecem Darín e querem saber sobre ele. O que Ricardo fez e faz pelo cinema argentino é simplesmente sensacional". Como produtor, Kuschevatzky já trabalhou com Darín em diversas ocasiões, e o último filme que fizeram juntos foi *Argentina, 1985*. Dirigido por Santiago Mitre, outro representante do NCA, o longa recebeu rasgados elogios por onde passou, e Darín, como sempre, roubou a cena. Quando chegou a Los Angeles, um jornalista lhe perguntou qual lição ele gostaria que as pessoas tirassem do filme levando em consideração o momento atual da política, principalmente nos Estados Unidos, e a resposta de Darín mostrou seu compromisso político com a democracia, eixo central do filme:

> Em relação ao passado, não podemos fazer nada [...]. No presente, sim, acho que temos muito a fazer, mas minha abordagem é especialmente projetada para o futuro [...]. Acho que a mais alta reivindicação a que poderia aspirar é que as novas gerações, o sangue novo, recuperem o verdadeiro significado de termos como "valor", "coragem", "bravura", "integridade", "ética", "moral", "solidariedade". Se esse filme pudesse servir para reforçar esses termos, eu realmente me sentiria muito feliz.

Nos últimos anos, a Argentina também foi cenário para a produção de séries de plataformas internacionais, como a Netflix. Alguns exemplos são *División Palermo*, uma das dez séries mais assistidas no país em 2023 entre as disponíveis no serviço de streaming. No mesmo ano, também foi lançada pela Netflix uma série sobre a vida do cantor Fito Paez, um dos grandes nomes do rock nacional.

Com uma moeda que cada vez vale menos, os profissionais do cinema argentino buscam permanentemente fazer coproduções com parceiros estrangeiros que possam ter recursos em moedas mais valorizadas. Em 2023, até mesmo o peso boliviano valia mais do que o peso argentino. Um dos países com que são feitas mais coproduções é a Espanha, com o qual, de acordo com o Incaa, entre 2013 e 2021 foram rodados mais de cinquenta filmes. A Argentina também tem convênios de cooperação com Alemanha, França, Brasil, Chile, Colômbia, Uruguai, Marrocos, Canadá, México e Itália. O acordo com a Espanha, por exemplo, estabelece um esquema de cooperação em matérias financeira e técnica e contribuições artísticas. Cada país, do ponto de vista econômico, pode desembolsar entre 20% e 80% do total da produção de um filme. Existe a possibilidade de que a coprodução seja apenas financeira, com um limite de seis filmes por ano entre as produtoras envolvidas. Uma das últimas coproduções entre a Argentina e a Espanha, que também incluiu a participação da Alemanha, e estreou nos cinemas de Buenos Aires em maio de 2023 foi *Objetos*, filme protagonizado pela atriz argentina China Suárez e pelo ator espanhol Álvaro Morte, estrela da série *La casa de papel*.

7

Maradona, Messi, a religião do futebol e a eterna rixa com o Brasil

Os argentinos costumam dizer que o futebol em seu país é uma religião — talvez por isso o craque Diego Armando Maradona, falecido em 25 de novembro de 2020, aos sessenta anos, seja chamado por muitos de Deus. Desde a vitória da Seleção Argentina na Copa de 2022, no Catar, a devoção por ele compete com uma estrela que, finalmente, foi aceita sem receios pela grande maioria de seus compatriotas. Lionel Messi, um fenômeno global, depois de muitos anos de tensão em sua relação com os argentinos — que se queixavam da falta de vitórias em campeonatos e gols em jogos da seleção enquanto Messi brilhava no Barcelona —, conquistou o coração da torcida nacional e virou, para muitos, o "Messias".

Os argentinos amam e odeiam na mesma intensidade e vivem o futebol como vivem suas grandes paixões: com muito drama. Assim é a relação dos torcedores não somente com a seleção nacional, mas com os times locais. Na Grande Buenos Aires, existem mais estádios de futebol do que em qualquer outro lugar do mundo: 36, conforme uma pesquisa realizada pelo site

Billiken.lat.* Somente na capital do país estão metade deles, inclusive os pertencentes aos dois maiores times argentinos: Boca Juniors e River Plate. A chamada Bombonera, no bairro de La Boca, tem capacidade para 49 mil pessoas. Já o Monumental, o estádio do River, pode receber 61.688 pessoas e costuma ser usado também para shows musicais. Além desses gigantes, há os estádios de times como San Lorenzo — do qual é torcedor o papa Francisco —, Huracán, Atlanta, Ferro, Nueva Chicago, Barracas Central, General Lamadrid, entre outros. No município de Avellaneda estão os estádios do Independiente e do Racing, clássicos rivais — que estão a apenas três quarteirões de distância um do outro.

A rivalidade por excelência do futebol argentino é entre o River Plate e o Boca Juniors, times que surgiram no começo do século xx no bairro de La Boca. O primeiro a ser fundado foi o River, em 1901, depois da fusão dos times La Rosales e Santa Rosa. O Boca Juniors surgiu em 1905, com o mesmo nome que tem hoje. Ninguém sabe ao certo desde quando os dois se transformaram nos principais clubes da Argentina e nos protagonistas de uma disputa que, na visão de Mariano Bergés, advogado e fundador da ONG Salvemos o Futebol, que realiza ações para a pacificação do esporte, está cada vez mais violenta: "Entre os torcedores do Boca e do River, muitas vezes existe ódio, em termos literais. Acho que é uma questão cultural argentina, um país no qual o futebol é capaz de modificar padrões de conduta. Uma pessoa idônea pode aceitar a corrupção se o que está em jogo é seu time". O advogado acredita que desde que o River venceu a Copa Libertadores da América em 2018 por cinco a três, derrotando o Boca, em Madri, a tensão entre os dois times cresceu. O Boca sempre ganhou mais jogos e mais campeonatos, nacionais e internacionais, mas depois de 2018 a dinâmica entre os dois times mudou. O River ficou mais soberbo, bem como seus torcedores. A violência aumentou, e isso tem muito a ver, também, com o fenômeno das redes sociais e seu impacto no futebol.

* Disponível em: https://billiken.lat/interesante/buenos-aires-la-ciudad-con-mas-estadios-de-futbol-del-mundo. Acesso em: 9 jun. 2023.

A primeira vez em que River e Boca se enfrentaram foi em 1908, e a vitória foi do Boca, por dois a um. O River conseguiu seu primeiro triunfo contra o adversário em 1913, e desde então os times cresceram permanentemente e, hoje, têm as maiores torcidas da Argentina.

O jogador que mais participou do que os argentinos chamam de seu "clássico" foi Reinaldo "Mostaza" Merlo, do River, que esteve em 42 partidas. Um dos jogos mais emblemáticos entre os dois times aconteceu em 25 de outubro de 1997, na despedida de Diego Armando Maradona dos campos de futebol. O Boca, time no qual Maradona brilhou, se impôs por dois a um. Essa partida revelou um novo craque argentino, Juan Román Riquelme, outro grande nome da história do Boca.

Boca e River já disputaram algumas finais de campeonatos locais e, na arena internacional, a final da Libertadores em 2018, um acontecimento marcante. O Boca, até 2023, nunca venceu essa competição, mas acumula outros títulos nos quais supera o River, por exemplo, três Copas Intercontinentais. Até maio de 2023, o River exibia 36 vitórias da Liga (o campeonato nacional), quatro Libertadores, três copas Argentina, uma Copa Sul-Americana e uma Intercontinental. Já o Boca tinha 34 campeonatos da Liga, quatro recopas Sul-Americana, três copas Intercontinental, duas copas Sul-Americana e quatro copas Argentina. Outro clássico do futebol dos *hermanos* tem como cenário a província de Santa Fé, entre o Newell's Old Boys, time no qual Messi deu seus primeiros passos entre 1994 e 1999, e Rosário Central. As partidas entre as duas equipes muitas vezes são suspensas por causa de episódios de violência prévios aos jogos, que já terminaram em morte de torcedores. Como explicou Bergés, "Rosário é uma cidade muito violenta, e o clima entre as duas torcidas é extremamente tenso".

Os argentinos amam futebol e têm com seus times locais, em muitos casos, uma relação profunda, quase sagrada. O jornalista esportivo Miguel Simon, do canal por assinatura ESPN, torce desde criança pelo Ferro, time do bairro portenho de Caballito. Aos 57 anos, ele lembra com nostalgia os campeonatos que seu time venceu na década de 1980 e lamenta que o Ferro tenha sido rebaixado em 2000. Desde então, o time está tentando se recuperar, sem sucesso. "Os torcedores argentinos têm a ilusão de ver nossos times brilharem de novo. Sofremos muito, é uma relação apaixonada", comenta Simon.

O Ferro tem o estádio mais antigo de Buenos Aires e, na década de 1980, foi um time com excelente desempenho. Assim como o Vélez Sarsfield, hoje também em baixa, foi líder na década de 1990. "Torcer por um time em Buenos Aires te faz pertencer a um bairro, e os portenhos são muito ligados às vizinhanças onde cresceram. É uma tradição herdada da Inglaterra, trazida por imigrantes. Veja que vários times têm nomes ingleses, como o Banfield", conta o jornalista. O futebol é parte da vida dos argentinos e um dos temas principais das conversas diárias. Segundo Miguel, "você caminha pela rua e sempre vai ouvir pessoas falando sobre futebol. Dependendo da época, falamos mais sobre futebol do que sobre economia". Além das equipes de Buenos Aires, também existem times competitivos em Santa Fé, Córdoba, Mendoza, Tucumán e outras províncias.

A paixão pelo time de bairro já virou até mesmo filme. Em 2004, o diretor Juan José Campanella lançou *Clube da Lua*, estrelado por Ricardo Darín e Mercedes Morán, sobre a crise de um clube de futebol portenho. Os torcedores temiam que o time, com sérios problemas financeiros — realidade de muitas equipes argentinas nos últimos anos —, acabasse e seu estádio fosse transformado em um cassino, então se organizaram para salvá-lo. A história foi inspirada em uma crise real enfrentada pelo Club Juventud Unida de Llavallol, da província de Buenos Aires, onde foram filmadas várias das cenas do filme. Essa foi uma das tantas histórias que aconteceram no país na época da grave crise econômica de 2001, que se estendeu ao longo de todo o ano de 2002 e provocou sérios problemas financeiros para muitos clubes locais.

A história do futebol na Argentina está diretamente relacionada à chegada de imigrantes europeus ao país entre o final do século XIX e o começo do século XX. O filme *Escola de campeões*, de 1950, relata a vida no elitista colégio Buenos Aires English High School e no Alumni Athletic Club, que dominou o futebol argentino na primeira década do século XX e deixou de competir em 1911. Seu presidente foi o escocês Alejandro Watson Hutton, primeiro presidente da Associação do Futebol Argentino, considerado o pai do futebol nacional — essencialmente, quem trouxe o esporte ao país. Hutton fundou a famosa escola em 1884, dois anos depois de desembarcar em Buenos Aires. Para esse escocês formado na Universidade de Edimburgo, o esporte era parte essencial da educação e por isso ele criou uma escola que tivesse amplo espaço e carga horária dedicada a atividades esportivas. Hutton contratou o também escocês William Waters como professor de Educação Física, e foi ele quem, em 1886, trouxe para a Argentina a primeira bola de futebol.

Com o tempo, o futebol tornou-se menos elitista e mais popular. Já o esporte das classes mais altas argentinas é o rúgbi, praticado em escolas e clubes frequentados pelas camadas mais abastadas da população. Durante os dois governos do presidente Juan Domingo Perón, o futebol se popularizou. Como explicam os professores Pablo Alabarces e María Graciela Rodríguez, da Universidade Nacional de Buenos Aires (UBA), no artigo "Fútbol y patria: la crisis de la representación de lo nacional en el fútbol argentino" [Futebol e pátria: a crise de representação do nacional no futebol argentino]:

> O período que vai de 1945 a 1955 é um momento muito interessante para entender as relações entre o esporte, os setores populares e as operações político-culturais de um Estado que tentava construir um novo marco econômico. A necessidade de incorporar ao projeto de industrialização os setores industriais requereu mecanismos culturais para reelaborar um novo significado de nação.

Basicamente, o futebol foi um dos elementos usados pelo peronismo para engajar grandes massas populares em um projeto de poder político interrompido pelo golpe de 1955. Contudo, Perón inaugurou uma relação entre política e futebol que até os dias de hoje é essencial para entender as engrenagens desse esporte na Argentina.

Mariano Bergés conhece como poucos a relação entre futebol e política em seu país. Sua ONG nasceu para combater a violência no futebol argentino, e, em suas pesquisas, ele percebeu como essa violência está relacionada a disputas por poder político e, também, a relações com forças de segurança:

> A grande diferença entre o futebol argentino e outros do resto do mundo é a relação com a política. Aqui temos ex-presidentes, como Mauricio Macri (2015–2019), que foram presidentes de clubes de futebol (no caso de Macri, do Boca Juniors) e líderes sindicais, como Hugo Moyano (considerado um dos sindicalistas mais importantes da Argentina, represen-

tante dos caminhoneiros), que também foram presidentes de clubes (no caso de Moyano, do Independiente).

Segundo Bergés, "ser presidente de um clube de futebol na Argentina é símbolo de prestígio e abre portas para muitos negócios". Os exemplos são vários: o ministro do Turismo do governo de Alberto Fernández, o peronista Matías Lammens, foi presidente do San Lorenzo; o ex-prefeito do município de Lanús, na Grande Buenos Aires, Néstor Grindetti, vinculado ao partido do ex-presidente Mauricio Macri, foi presidente do Independiente.

O representante da ONG Salvemos o Futebol também marca uma diferença muito clara entre os chamados "barras bravas" argentinos — grupos de torcedores organizados —, considerados por muitos os grandes responsáveis pela violência no futebol nacional, e os hooligans britânicos:

> No Reino Unido, tiraram os hooligans dos estádios e a violência diminuiu de forma expressiva, porque eles estão isolados. Na Argentina, os barras bravas estão associados a políticos, sindicalistas e também a forças policiais. Aqui é parte do folclore nacional que pessoas que integram os grupos de barras bravas visitem os jogadores antes de uma partida para pressioná-los. A violência está naturalizada no futebol argentino, que é um dos mais politizados do mundo.

Segundo a ONG, a primeira morte do futebol argentino ocorreu em 30 de julho de 1922, no estádio do Sportivo Barracas. A vítima foi um menor de idade que, de acordo com notícias publicadas na época, caiu de uma arquibancada improvisada. Desde então, foram registradas 346 vítimas fatais em acidentes e agressões em estádios de futebol. A última, no final de 2022, foi César Regueiro, torcedor do Gimnasia y Esgrima, de La Plata —capital da província de Buenos Aires —, que sofreu uma parada cardiorrespiratória após incidentes entre torcedores e forças policiais.

De acordo com Bergés, foram feitas muitas pesquisas e análises, mas sua conclusão é de que a violência no futebol argentino tem a ver com a própria sociedade, especialmente com a política e a relação que ela tem com os jogadores, a polícia e a Associação do Futebol Argentino (AFA): "Não se trata apenas dos barras bravas, como no Reino Unido se tratou dos hooligans. Todos colaboram para que a violência esteja legitimada na Argentina. Desde 2013 está proibido que torcedores visitantes assistam a jogos em estádios rivais".

A relação entre política e futebol pode ser vista com clareza em vários episódios da história argentina. Na Copa de 1978, realizada no país durante o governo militar, a vitória da Seleção Argentina na final contra o Peru — a primeira Copa conquistada pelo país — é questionada até os dias de hoje. As suspeitas sobre negociações entre o governo militar e os organizadores para garantir a vitória da Argentina, naquele momento alvo de questionamentos internacionais pelas violações dos direitos humanos que estavam sendo cometidas, são uma mancha nesse primeiro título mundial.

Em 2020, a morte do craque Diego Armando Maradona também evidenciou a utilização que os políticos argentinos fazem do futebol quando lhes é conveniente. Maradona foi um jogador ultrapolitizado, alinhado com líderes estrangeiros como o cubano Fidel Castro — que o recebeu na ilha para realizar vários tratamentos médicos — e o venezuelano Hugo Chávez. Na Argentina, Maradona sempre esteve engajado com o peronismo e suas diversas facções. O craque foi próximo a vários presidentes peronistas, de direita e esquerda. Quando faleceu, o governo do então presidente Alberto Fernández e da vice-presidente Cristina Kirchner começava a enfrentar críticas e uma queda expressiva em sua popularidade em plena pandemia de covid-19. Depois de pedir aos argentinos que não saíssem de suas casas durante vários meses e com o programa de vacinação ainda incipiente, Fernández organizou o velório de Maradona na Casa Rosada, causando um alvoroço enorme no país, que terminou em pancadaria e briga entre seguidores do ídolo argentino. Foi um verdadeiro escândalo, que acabou sendo um tiro no pé para o chefe de Estado por causa da enxurrada de críticas que recebeu em plena fase de aumento dos casos de covid-19 no país.

Maradona é um ídolo nacional, não há dúvidas sobre isso, mas sua relação com seus seguidores é muito diferente da que estabeleceu Lionel Messi, líder de uma seleção que, para muitos, foi um divisor de águas na história do futebol argentino. A vida de Maradona, digna de uma novela mexicana, divide opiniões. Sua dependência química, os filhos fora do casamento, os escândalos familiares e os namoros midiáticos são considerados um problema por muitos argentinos. Maradona nasceu em uma família humilde — ainda mais humilde que a de Messi — e se tornou milionário graças ao futebol. Ele quase morreu várias vezes, e seu estado de saúde gerou, em seus últimos vinte anos de vida, mais notícias do que sua carreira esportiva. Sua passagem pela seleção como técnico, com Messi como jogador, foi desastrosa. Na opinião de Bergés:

> Messi é quase a antítese de Maradona. Ele respeita os juízes, não participa da política e é cuidadoso em suas declarações. Não sente que tem direito a tudo o que deseja, como acontecia com Maradona. Como jogadores, ambos são brilhantes, mas, como ser humano, Messi é muito superior.

Se com seus times de bairro os argentinos têm um vínculo quase familiar, com a seleção nacional as coisas são um pouco diferentes. Houve épocas em que o apoio à Albiceleste esteve em baixa, por exemplo, nos catorze anos (entre 2004 e 2018) em que a equipe teve dez técnicos — entre eles, o próprio Maradona —, que não conseguiram encontrar um rumo. Já entre 1974 e 2004, fase na qual o país venceu as Copas do Mundo de 1978 (realizada na Argentina) e 1986 (no México), a seleção teve cinco técnicos — os mais famosos foram César Luis Menotti, campeão em 1978, e Salvador Bilardo, campeão em 1986.

O jornalista e escritor Sebastián Fest, coautor do livro *Messiánico. Lionel Messi: la verdadera historia del mejor* [Messiânico. Lionel Messi: a verdadeira história do melhor], acha que os argentinos:

> encaram o futebol como encaram tudo na vida: somos dramáticos, nostálgicos, intensos [...]. Os brasileiros são diferentes, vocês dançam. Sofrer é parte de ser argentino, e isso existe também na nossa relação com o futebol. A Argentina é como uma grande peça de teatro na qual exageramos, em tudo.

Sebastián morou em Barcelona entre 1997 e 2015 e viu o fenômeno Messi nascer. Quando pensou em escrever um livro sobre o jogador, Messi não era uma paixão nacional, como passou a ser depois da Copa de 2022 —

pelo contrário. Muitos argentinos eram críticos do craque, que fazia maravilhas na Europa, mas não conseguia dar grandes alegrias aos torcedores da seleção nacional. A derrota na final da Copa de 2014, no Brasil, foi um dos momentos mais difíceis para o jogador argentino, lembrou Fest, que esteve naquele dia no Maracanã:

> Messi sentia uma pressão enorme, e me lembro de ter visto pesquisas que mostravam que 40% dos argentinos o desprezavam. Vi que ali havia uma história para contar. Por que um jogador tão sensacional não era idolatrado em seu próprio país? Acho que isso tinha a ver com o fato de que muitas pessoas queriam que Messi fosse Maradona, algo que ele nunca foi nem será. Depois da Copa de 2022, as pessoas entenderam que Messi é Messi e o aceitaram assim. Maradona passou a ser uma personalidade do passado. Messi é o presente e representa uma nova geração de jogadores argentinos, uma geração muito diferente.

Desde que a Argentina venceu seu terceiro campeonato mundial, muitos me perguntam se Messi superou Maradona. É uma pergunta complexa, porque comparar os dois atletas não faz muito sentido. São pessoas muito diferentes, de gerações diferentes e que conseguiram façanhas diferentes. Como explica Fest:

> Maradona representa uma maneira de ser argentino. Sua personalidade se constrói a partir da ironia, da agressividade. Ele era capaz de dizer ao papa o que deveria fazer com o ouro do Vaticano, criticar o presidente dos Estados Unidos e se declarar amigo de Fidel Castro. Maradona era polêmico e, também, viveu em uma Argentina que se sentia destinada a ser uma potência que nunca chegou a ser. Ele nasceu em 1960 e pertenceu a uma geração que acreditava que a Argentina era um país europeu na América do Sul, um lugar superior.

Já Messi nasceu em 1987, é de outra geração, mais sofrida e que se formou nos anos prévios e posteriores à crise econômica de 2001 e 2002. "Vejo uma mudança de paradigma", continua Fest.

Messi é fruto de um país mais humilde, que ficou de joelhos perante o mundo e percebeu que nunca será uma potência. Messi é filho de uma Argentina menos arrogante, que entende seu lugar no mundo, que luta, que aceita sua decadência. Isso se soma ao tipo de pessoa que Messi é: mais calado, mais na dele, menos politizado, mais responsável. Hoje o rei é Messi, sem dúvida alguma. Maradona, que viveu em seus últimos anos uma verdadeira tragédia e morreu praticamente sozinho, em uma casa que nem sequer era dele, é o reflexo de uma Argentina do passado, de tudo de pior que tem nosso país. Messi é a esperança de um país melhor, mas sem soberba.

Ele acredita que, se Maradona tivesse sido o líder da seleção que venceu a Copa de 2022, a festa popular teria sido muito diferente:

Com Maradona, teria, com certeza, terminado em caos, porque Maradona era incendiário. Com Messi, tudo correu em paz e as pessoas que, finalmente, não conseguiram ver os jogadores nem a Copa não incendiaram nada. Foi uma festa civilizada, familiar, na qual os argentinos fizeram uma catarse que havia muito tempo estavam esperando. Os argentinos precisavam celebrar alguma boa notícia.

Na terça-feira 20 de dezembro de 2022, a cidade de Buenos Aires e algumas regiões nos arredores da capital pararam. Sem saber que isso aconteceria, naquele dia eu viajava de Buenos Aires para o Rio de Janeiro e pude ver o caos com meus próprios olhos. Foi muito difícil chegar até o aeroporto porque não havia táxis nas ruas. Com medo de não conseguir circular, a maioria dos motoristas decidiu não trabalhar naquele dia. Estima-se que mais de 4 milhões de pessoas saíram às ruas da cidade para comemorar a terceira Copa do Mundo que o país havia conquistado com sangue, suor e lágrimas. A final contra a França foi um show esportivo que fez pessoas do mundo inteiro vibrarem, e, na Argentina, as cenas de choro, gritos, abraços, desmaios e explosões de uma alegria que estava contida há muitos anos se multiplicaram.

Meu voo atrasou mais de três horas porque um dos membros da tripulação demorou para conseguir chegar ao aeroporto. A gritaria dos passageiros se misturou com a euforia pela vitória incrível da seleção liderada por Messi. Foram dias intensos, como nunca antes vivi no país. Meus filhos estavam em êxtase e não se falava sobre outra coisa. Jamais teria comprado uma passagem para 20 de dezembro se soubesse que naquele dia Buenos Aires seria cenário de uma festa popular incrível. As imagens que viralizaram nas redes sociais foram emocionantes — há uma que ficou especialmente guardada em minha memória: um rapaz obeso tentando subir no teto de um ponto de ônibus com a ajuda de várias pessoas, que gritavam: "Sim, é possível!". O rapaz conseguiu e, quando ele finalmente ficou de pé sobre o teto, com aquele sorriso aberto e contagiante, a plateia aplaudiu como se Messi tivesse feito um gol. O exemplo da seleção instalou no país a ideia — quase um mantra — de que, com esforço, tudo é possível.

Messi finalmente conquistou os argentinos de todas as gerações, mas principalmente crianças, adolescentes e jovens até os quarenta anos, por sua atitude perante a vida. Um rapaz que nasceu em uma família de classe média baixa, na cidade de Rosário, na província de Santa Fé, e chegou ao Barcelona. Uma pessoa simples, de poucas palavras, mas extremamente dedicada e focada. Um líder generoso, muito ligado à família, que jamais se aproximou da política — em momentos em que os argentinos, em sua maioria, são profundamente críticos da política local — nem opinou sobre nada que não fosse sua carreira como jogador de futebol. Uma pessoa que nunca agrediu ninguém, embora tenha sido agredido muitas vezes, Messi inspira os argentinos para que sigam um bom caminho, além de ter passado a ser reconhecido como um grande jogador de futebol, um dos melhores de todos os tempos.

O dilema entre Messi e Maradona, em um país que também teve craques do nível de Alfredo Di Stéfano (que brilhou nas seleções argentina e espanhola por ter dupla cidadania), levou empresas de consultoria em opinião pública a realizarem pesquisas sobre o assunto. Uma delas, feita pela Opina Argentina, mostrou que 60% dos entrevistados disseram preferir Messi, e apenas 28%, Maradona. Outros 12% preferiram não responder. A pesquisa foi divulgada após a vitória da Argentina na Copa de 2022, o que claramente inclinou a balança a favor de Messi.

Se durante muitos anos o craque argentino enfrentou ondas de críticas em seu país, depois da Copa do Catar tudo mudou. Messi precisou trazer para a Argentina a terceira taça para ser reconhecido como um ídolo nacional. Como mais uma vez opinou Fest:

> Os que mais desprezavam Messi eram aqueles com mais de trinta anos e claramente se identificavam mais com Maradona por uma questão geracional, embora haja também uma questão política. O peronismo e especialmente o kirchnerismo instalaram no país uma ideia de que Messi era europeu e que isso era quase um pecado. Messi é um jogador bem--sucedido, morava na Espanha, ganhava fortunas e, ainda por cima, não conseguia vencer uma Copa. Muitos argentinos sustentaram uma visão muito dura em relação a Messi e tiveram de engolir tudo o que falaram quando a seleção finalmente venceu.

O craque só não tem ainda uma igreja, ao contrário de Maradona, para quem foi fundada a Igreja Maradoniana, uma espécie de seita criada em 1998 na cidade de Rosário — ironicamente, a terra natal de Messi. Segundo seus fundadores, Hernán Amez e Alejandro Verón, a Igreja Maradoniana tem cerca de 500 mil seguidores. Para o autor de *Messiánico*, a seita é um produto de marketing, quase uma piada: "Messi sempre admirou Maradona, mas Maradona oscilava em relação a Messi, como a tudo. Maradona sempre quis que Messi fosse mais maradoniano, mas isso é impossível. Messi é Messi".

Sendo Messi, e sem querer se parecer com Maradona, o jogador se tornou um fenômeno global e um ídolo em seu país, principalmente entre os mais jovens. Depois da vitória no Catar, viralizaram vídeos de crianças comemorando seus aniversários imitando o momento em que o líder da seleção recebeu a taça da Copa do Mundo, com a mesma música e os mesmos gestos. Cada vez que o craque aparece na Argentina, é uma revolução. No primeiro semestre de 2023, Messi foi com um grupo de amigos ao restaurante Don Julio, em Buenos Aires, considerado uma das melhores churrascarias do mundo, e milhares de pessoas foram até o local tentar tirar uma foto com o jogador.

Ao contrário de Maradona, o líder da seleção que venceu a Copa de 2022 não quis saber de política. Ainda no Catar, Messi e o resto do grupo se negaram a receber a visita do ex-presidente Macri. Um pouco antes, após a morte de Hebe de Bonafini, uma das fundadoras da ONG Mães da Praça de

Maio, muito vinculada politicamente ao kirchnerismo, a Casa Rosada tentou convencer a AFA para que os jogadores da seleção usassem uma braçadeira preta, em sinal de luto, e a resposta foi negativa.

Quando finalmente chegaram a Buenos Aires, os jogadores tampouco quiseram ser recebidos na Casa Rosada, como teria feito outra geração de craques. O combinado foi um desfile de ônibus pela cidade, no qual foram aclamados por cerca de 4 milhões de torcedores. A quantidade de gente foi tanta que os jogadores acabaram sobrevoando a cidade de helicóptero, porque foi impossível avançar com o ônibus em meio a uma maré humana nunca vista na história do país. Famílias inteiras saíram de casa na madrugada de 20 de dezembro de 2022. Algumas pessoas pegaram ônibus e aviões, vindas de outras províncias. No famoso Obelisco de Buenos Aires, as imagens eram incríveis. Milhares de pessoas cantavam e dançavam sem bandeiras políticas e sem violência. Naquele dia, muitos se lembraram do velório de Maradona e de como a cerimônia terminou de uma maneira caótica.

Messi é o ídolo de uma nova etapa da Argentina, que não promove o ódio e cujo único escândalo, até 2023, foi um caso de evasão fiscal, no qual seu pai, Jorge Messi, o homem por trás das finanças da família, foi multado pelo Estado espanhol.

Uma das coisas que me chamaram a atenção sobre Messi depois da Copa de 2022 foi sua capacidade de superar até mesmo a rivalidade entre Brasil e Argentina, o clássico sul-americano. Quando cheguei ao Brasil no final de 2022, fiquei impressionada com a quantidade de brasileiros que confessaram ter torcido pela Argentina na final contra a França, algo surpreendente levando em consideração que os dois países têm uma rivalidade antiga, reconhecida até mesmo por chefes de Estado em encontros bilaterais.

Na Copa de 2014, os torcedores argentinos chegaram ao Brasil com uma musiquinha pronta para irritar a torcida brasileira. A letra era profundamente arrogante e provocadora. Em português, a gracinha composta pelos argentinos dizia assim, numa tradução livre:

> Brasil, me diga o que sente ao ter em casa seu papai. Juro que, mesmo que passem os anos, nunca vou me esquecer que Diego [Maradona] te driblou. Que Cani [Claudio Paul Caniggia] te ferrou. Vocês continuam

a chorar desde a Copa da Itália. E verão o Messi. A Copa ele trará. E o Maradona é maior do que o Pelé.

A música lembrava o fatídico jogo entre Brasil e Argentina nas oitavas de final na Copa de 1990. A Seleção Brasileira perdeu por um a zero — com gol de Caniggia — e foi eliminada. Eu era adolescente e morava em Buenos Aires. Me lembro de ter me trancado no banheiro para chorar copiosamente, pensando em como sofreria no dia seguinte quando tivesse de ir à escola, porque, quando o assunto é futebol, as brincadeiras entre argentinos e brasileiros podem ser indelicadas.

Na visão de Mariano Bergés, os argentinos costumam pegar mais pesado:

> Nunca vou me esquecer da imagem de Neymar abraçando e parabenizando Messi na final da Copa América de 2021, quando a Argentina derrotou o Brasil no Maracanã. Não sei se um argentino teria feito a mesma coisa, e esse é apenas um exemplo. Acho que, em geral, a rivalidade é maior do lado dos argentinos. Os brasileiros nos respeitam e têm atitudes que nós não temos.

Sebastián Fest concorda. Quando esteve no Brasil na Copa de 2014, disse que não conseguia acreditar como os cariocas suportavam a presença de milhares de argentinos acampados na praia de Copacabana, cantando músicas contra o Brasil: "Não tivemos nem sequer um incidente de violência; os brasileiros reagiram de uma maneira tão pacífica à invasão de argentinos que fiquei realmente surpreso".

O debate entre torcedores dos dois países é permanente. Quem ganhou mais Copas, que tem ou teve o melhor jogador do mundo, e por aí vai. Entre as décadas de 1950 e 1970, o Rei Pelé foi o melhor do mundo, não há a menor discussão. O surgimento de Maradona, na década de 1980, abriu o debate. Nos últimos quinze anos, os nomes de Messi e Neymar entraram na conversa, sobretudo o do primeiro, que até 2023 era o jogador com mais campeonatos e prêmios na história do futebol mundial.

Em termos de história, a Argentina começou a se organizar primeiro. A AFA foi fundada em 1893, já a Federação Brasileira de Sports (atual Confederação Brasileira de Futebol – CBF), só em 1914. O primeiro jogo entre as duas seleções foi a final da Copa América de 1925, realizado em 25 de dezembro daquele ano. A Argentina derrotou o Brasil por quatro a um no estádio Deportivo de Barracas, em Buenos Aires. As duas seleções disputaram as finais da Copa América em 1937, 2004, 2007 e 2021. Na partida de 1937, realizada no estádio Gasómetro de Buenos Aires, a Argentina derrotou o Brasil por dois a zero. Já em 2004 e 2007, o Brasil saiu vitorioso, mas perdeu em 2021, no Maracanã, em um jogo histórico para a Argentina e para Messi.

A eterna rivalidade entre os dois países teve momentos de especial tensão, entre eles a chamada Copa Roca, de 1939, cuja final foi suspensa por um pênalti a favor do Brasil que os argentinos não aceitaram. O árbitro brasileiro Carlos de Oliveira Monteiro autorizou a cobrança do pênalti que os argentinos questionaram, e a equipe dos *hermanos* acabou abandonando o campo pouco antes do fim do jogo. A partida foi suspensa e realizada tempos depois no estádio brasileiro Parque Antarctica, em que a Argentina saiu vencedora.

Na Copa de 1982, os dois países, junto com a Itália, ficaram no chamado "Grupo da Morte" na primeira fase. A Argentina precisava ganhar do Brasil para se classificar para as oitavas de final, mas perdeu, o que levou Maradona a chutar um colega de sua equipe e ser expulso do jogo.

Contudo, o jogo mais emblemático dessa rivalidade foi, certamente, o da Copa de 1990 — uma partida inesquecível. A Seleção Argentina tinha Maradona em sua melhor forma. Também eram destaques do time *hermano* Sergio Batista, Jorge Burruchaga, o goleiro Sergio Goycochea, Oscar Ruggeri, Juan Simón e Pedro Troglio. Já o Brasil tinha os craques Jorginho, Dunga, Alemão, Valdo, Branco e Taffarel, como goleiro. Essa escalação brasileira havia despertado enormes esperanças, ainda mais depois de ter se classificado em primeiro lugar em seu grupo para as oitavas de final. Outras seleções, entre elas a da Argentina, não haviam ido tão bem. O confronto com os *hermanos* nas oitavas foi inusitado, porque o Brasil jogou muito bem, mas acabou sendo eliminado quase aos 45 minutos do segundo tempo pelo famoso gol de Caniggia, depois de uma jogada surpreendente de Maradona. Foi a primeira vez, desde 1966, que o Brasil não terminou entre as oito melhores seleções do mundo.

Já a Argentina havia começado a competição perdendo para Camarões e o panorama era sombrio. O clima estava tão pesado que o técnico, o polêmico

Carlos Salvador Bilardo, havia ameaçado mandar derrubar o avião da seleção antes de aterrissar de volta a Buenos Aires caso a equipe não conseguisse chegar à final. A advertência controversa foi feita após a derrota no jogo contra Camarões, que o treinador qualificou como a "mais vergonhosa da história da Seleção Argentina". O número de jogadores lesionados se multiplicava, começando pela grande esperança da equipe, o craque Maradona, que tinha problemas em uma unha do pé e em um dos tornozelos. Mergulhado nesse verdadeiro inferno astral, de repente Bilardo viu uma luz no fim do túnel: uma noiva, prestes a se casar, no hotel de Turim onde sua seleção se hospedaria. O técnico argentino acreditava que noivas davam sorte e considerou aquilo "um sinal" que antecipava uma vitória nada mais nada menos que contra o Brasil. A Argentina chegara arrastando-se às oitavas de final do campeonato, e seu rival seguinte, o Brasil, havia ganhado todas as partidas. Entretanto, a noiva fez com que Bilardo voltasse a ter esperanças de que sua seleção chegaria à final. A cena marcou os jogadores do time e é lembrada até hoje com humor e certa melancolia por dois deles, Juan Simón e Pedro Troglio. No caso de Troglio, esse foi o começo de uma superstição que mantém até hoje e que, garante, o ajudou a ganhar outros jogos. Naquele dia, Bilardo mandou a seleção inteira falar com a noiva e dar um beijo nela. Maradona foi o primeiro, e as pessoas ficaram enlouquecidas. Todos beijaram a noiva, como ordenara Bilardo. Foi como se aquela noiva tivesse devolvido as energias perdidas à Seleção Argentina, que fez o Brasil sofrer uma de suas derrotas mais amargas em uma Copa do Mundo. Tanto Simón como Troglio afirmam até hoje que o fator determinante para seu país foi a sorte. "O Brasil tinha um supertime, e foi inacreditável a quantidade de gols que perdeu. No primeiro tempo, os brasileiros dominaram totalmente o jogo", lembrou Simón.

A história dessa partida inesquecível inclui, ainda, a famosa "lenda da água benta", como alguns a chamam. O episódio foi protagonizado pelo jogador brasileiro Branco, que disse ter se sentindo tonto depois de beber uma água que, segundo algumas versões nunca confirmadas, continha algum líquido estranho — para alguns argentinos, os próprios brasileiros "batizaram" a água para prejudicar seus eternos rivais. A confusa história foi contada por

Maradona no programa de TV argentino *Mar de fondo* em 30 junho de 2013.[*]
Segundo o craque, quando Troglio sofreu uma falta e teve de ser atendido
por auxiliares da Seleção Argentina, esses membros da comissão técnica entraram em campo com uma garrafa de água. Essa água, acrescentou Maradona, continha um tranquilizante, e, no meio da confusão, em um dia de muito
calor, Branco acabou bebendo dessa garrafa. Pouco tempo depois, Caniggia
fez o gol aos 81 minutos de partida, e o mundo desabou para nós brasileiros.
Essa é apenas uma das tantas histórias que alimentam uma rixa que Messi
suavizou, mas ainda está longe de terminar. Até agosto de 2022, Brasil e
Argentina haviam disputado 107 jogos, com 44 vitórias para os brasileiros,
40 para os argentinos e 23 empates.

[*] O vídeo com a revelação de Maradona está disponível no YouTube: https://youtu.be/2lo22H-CD4mc. Acesso em: 12 jun. 2023.

8

Como é viver na Argentina: sufoco para os argentinos, luxo para os estrangeiros

Como é morar em Buenos Aires? Muitos brasileiros se fazem essa pergunta com a curiosidade de saber se a capital argentina oferece a seus habitantes uma melhor qualidade de vida do que as metrópoles brasileiras. A resposta não é simples, afinal Buenos Aires é uma cidade muito agradável, mas tem seus problemas — em alguns casos, aprofundados com a sucessão de crises econômicas que assolaram o país nas últimas décadas.

Vamos, então, por partes. Desde que o ex-presidente Mauricio Macri (2015–2019) foi prefeito da capital argentina, entre 2007 e 2015, a cidade iniciou um processo de transformação, principalmente no setor de transporte público. Macri não melhorou escolas e hospitais, que há muitos anos vivem problemas graves de infraestrutura e orçamento, mas Buenos Aires renovou suas praças, ganhou ciclovias, e foi criado o chamado *metrobus*, uma via exclusiva para ônibus nas principais avenidas da cidade, o que melhorou o trânsito e reduziu o tempo de viagem de quem usa o transporte público. A Argentina tem o metrô mais antigo da América Latina, e algumas melhorias foram feitas nos últimos tempos. Na maioria das linhas do metrô portenho, os vagões são modernos, como vemos no Rio de Janeiro ou em São Paulo. O metrô de Buenos Aires funciona bem e percorre os principais bairros. A primeira linha foi inaugurada em 1913 e une a Praça de Maio à Praça Miserere, localizada no chamado bairro Once, centro comercial similar à rua da Alfândega carioca ou à 25 de Março paulista. Outra linha, muito utilizada pelos turistas, conecta o bairro de Belgrano à Praça de Maio, centro nevrálgico da cidade, onde está localizada a Casa Rosada, palácio de governo do país.

Quando chegam a Buenos Aires, muitos brasileiros comentam que o número de moradores de rua é menor do que se vê nas grandes cidades brasileiras. De fato, há menos pessoas dormindo nas ruas portenhas, mas, para os moradores da cidade, o que eles têm vivido nos últimos anos, com o declínio da economia, é algo assustador. Uma das grandes diferenças, principalmente em relação ao Rio, é que as favelas portenhas e da Grande Buenos Aires estão afastadas dos principais bairros residenciais. Quando circulamos pela capital e suas cercanias mais próximas, não vemos o que no país se chama de "vilas miséria", mas basta percorrer alguns minutos de carro para chegar a uma delas.

A pobreza está mais escondida em Buenos Aires, mas ela cresce e se expande por bairros populares cada vez mais habitados por argentinos e imigrantes latino-americanos, sobretudo paraguaios, venezuelanos, colombianos, bolivianos e peruanos. Uma das favelas que mais visitei como jornalista foi a 21-24, no bairro Barracas, porque era a vila miséria que o papa Francisco frequentava quando era o cardeal Jorge Bergoglio, arcebispo de Buenos Aires. Mas existem muitas outras, como a Villa 31, localizada atrás da estação de trem de Retiro, em pleno centro portenho, a poucos quarteirões do bairro Recoleta, zona nobre da cidade. A Villa 31 é quase uma pequena cidade, com prédios baixos, praças, linhas de ônibus que passam pela entrada do bairro, escolas e postos de saúde. Entrar lá de forma incauta é tão perigoso quanto em qualquer favela brasileira. A recomendação dos moradores aos jornalistas é sempre ir com alguém que conheça o bairro e funcione como uma espécie de blindagem para tentativas de roubo.

Buenos Aires não é como Caracas, a capital da Venezuela, que lembra muito o Rio de Janeiro, com seus morros e favelas no meio da cidade. A capital argentina ainda tem setores onde não se vê pobreza e poderiam ser comparados a bairros de capitais europeias como Madri. Entretanto, essas ilhas de prosperidade estão cada vez menores em um país no qual a taxa de

154 *Janaína Figueiredo*

pobreza oficial chegou a 39,2% no segundo semestre de 2022, de acordo com dados do Instituto Nacional de Estatística e Censos (Indec).

Em bairros como Palermo, Belgrano, Bairro Norte, Recoleta, Chacarita, Almagro ou Colegiales, a pobreza está nas ruas como poucas vezes se viu na cidade. É possível encontrar pessoas dormindo na entrada de prédios, penduradas em grandes lixeiras procurando comida e pedindo esmolas na porta de supermercados, nos parques e nas praças da cidade. Muitas vezes acontece de pessoas entrarem em cafés e restaurantes pedindo dinheiro ou ajuda de algum tipo — algo que não se via até pouco tempo atrás. Isso se tornou cada vez mais frequente e chama a atenção dos portenhos, que não estavam acostumados a esse tipo de abordagem, como o estão cariocas e paulistas. Também circulam muito os chamados *cartoneros*, que são os catadores de lixo que começaram a aparecer na crise dos anos de 2001 e 2002 e, desde então, com exceção de alguns anos de melhora da economia, se multiplicaram.

Os maiores e piores retratos da pobreza argentina estão nos arredores da cidade e na Grande Buenos Aires. Eles contrastam com outro país, que convive com a explosão do turismo internacional e ainda frequenta os teatros da avenida Corrientes, shoppings e restaurantes dos bairros mais badalados da cidade. Em 2023, tanto o presidente Alberto Fernández como sua porta-voz, Gabriela Cerruti, foram alvo de uma enxurrada de críticas por minimizarem a crise argentina afirmando que as pessoas, na capital, faziam fila na porta dos restaurantes. De fato, em churrascarias como a Don Julio, talvez o restaurante mais conhecido do país e considerado um dos melhores da América Latina e do mundo, as filas são quilométricas. Em pizzarias tradicionais, como a Güerrín, no centro da cidade, as filas também são grandes, e a demora para conseguir uma mesa pode chegar a mais de uma hora em uma sexta ou um sábado à noite. Para experimentar os sorvetes de uma das sorveterias mais famosas de Buenos Aires, a Cadore, considerada uma das dez melhores do mundo pelo livro *Food Journeys of a Lifetime* [As melhores jornadas gastronômicas, em tradução livre], da National Geographic, também é preciso esperar. No entanto, pesquisas sobre os hábitos dos argentinos realizadas pela Fundação Colsecor, especializada em políticas públicas, e coordenadas pelo cientista político Mario Riorda mostram que o acesso dos argentinos a experiências culturais e gastronômicas é profundamente desigual. De acordo com o relatório de 2022, em cidades de mais de 100 mil habitantes, 95% dos entrevistados responderam que o lugar onde comem habitualmente é em sua própria casa — apenas 1% afirmou ir com frequência a restaurantes ou redes de fast food. A mesma pesquisa mostrou que, neste grupo, 34% disseram nunca ir ao cinema, 48% nunca vão a show de música, 57% nunca vão ao teatro e 44% nunca frequentaram museus. Segundo Riorda, dizer que as filas nos teatros e restaurantes mostram que a crise é uma invenção da imprensa é uma loucura por parte do governo de Fernández. Ele explica:

> A ausência de crescimento econômico, a inflação galopante, tudo isso afeta a qualidade de vida dos argentinos. Na Colsecor, analisamos os consumos culturais da população e fica bem claro que a grande maioria dos argentinos não pode ir a um show da banda Coldplay ou assistir ao Roger Waters no estádio do River Plate. É verdade que eles lotam os estádios argentinos, sim, mas isso abrange um total de 800 mil pessoas em dez shows. Esse número não representa nada em uma população de 44 milhões de pessoas.

Outro dado que chamou sua atenção na pesquisa de 2022 foi que, naquele ano, 40% dos argentinos não viajaram em suas férias. O especialista argentino acrescenta:

> Temos de entender que a classe média argentina, a que foi tão invejada por outros países da região, foi muito castigada pela crise, e a ideia de que pertencer a essa camada da população significa ter vida cultural, viajar nas férias e frequentar restaurantes está ruindo como um castelo de cartas. A classe média argentina está cada vez mais pobre e cada vez mais encolhida, porque muitos argentinos estão passando a engrossar a fila de pobres.

Muitos argentinos se lembram de quando, sendo de classe média, podiam viajar para os Estados Unidos ou a Europa. O Brasil, naqueles tempos, era um destino barato. Isso foi possível, principalmente, na época em que vigorou a conversibilidade, que atrelou o peso ao dólar entre 1991 e 2002.

Os turistas argentinos tinham alto poder aquisitivo e visitavam centros do turismo internacional como Miami, Nova York, Paris, Madri e Londres, pagando suas viagens em parcelas sem juros e com uma moeda forte. No Brasil, faziam a festa. E, mesmo depois da desvalorização do peso, alguns argentinos de classe média continuaram viajando, principalmente para o Brasil, graças a facilidades como o pagamento em parcelas sem juros. Contudo, viajar para o exterior nos últimos anos se tornou quase uma atividade de luxo no país, possível apenas para as camadas mais elevadas da pirâmide social, que podem bancar o pagamento de passagens sem parcelar ou, no melhor dos casos, têm conta bancária fora do país e podem financiar suas viagens com cartões internacionais. Até mesmo viajar para o Brasil ficou caríssimo para os argentinos. No primeiro semestre de 2023, uma amiga argentina comentou comigo que viajou com outras quatro mulheres para o Rio e elas gastaram o equivalente a 90 mil pesos num jantar em um restaurante do Leblon. Esse é o valor de um jantar para cinco pessoas no Don Julio regado pelos melhores vinhos argentinos e com sobremesa e café. Se as mesmas cinco mulheres forem a um restaurante menos badalado de Buenos Aires, será possível gastar a metade. Alguns argentinos continuam viajando para o Sul do Brasil de carro, alugando casas econômicas e evitando comer fora. Pensar em férias nos EUA ou na Europa está, para essas pessoas, totalmente fora de cogitação.

Deixar de viajar não é o único problema que enfrenta a classe média argentina — e talvez seja o menos importante. Seus integrantes perderam acesso ao sistema de saúde e à educação pública de qualidade. Até a década de 1980, ser de classe média na Argentina significava a possibilidade de ascender socialmente. Filhos cujos pais trabalhavam, por exemplo, como porteiros e empregadas domésticas tinham, graças a uma educação pública que já foi considerada uma das melhores da América Latina, a possibilidade de estudar e se tornarem profissionais bem remunerados. Mas a situação mudou nas últimas décadas, e recuperar a educação pública é uma das principais promessas de todos os candidatos à presidência desde a redemocratização da Argentina, em 1983. De acordo com um relatório elaborado no primeiro semestre de 2023 pelo Observatório de Argentinos pela Educação, uma ONG local, 46% dos alunos da terceira série do que seria na Argentina o ensino fundamental I não conseguem compreender o que leem. O percentual está 10% acima da média da região (36,7%), mas chega a 61,5% entre os estudantes com menos recursos econômicos. Por outro lado, apenas 14% dos alunos do terceiro ano do Fundamental I (no país, a educação primária dura sete anos e não está dividida em dois ciclos, como no Brasil, e a educação secundária, que seria o equivalente ao ensino médio brasileiro, é de cinco anos) apresentam o nível mais alto de capacidade de leitura e compreensão de texto, enquanto a média da América Latina é de 21%. Os resultados do relatório, feito com base na pesquisa coordenada pela Organização das Nações Unidas para a Educação, a Ciência e a Cultura (Unesco), levaram à realização de uma campanha em redes sociais com a *hashtag* #NoEntiendenLoQueLeen ("Não entendem o que leem"), a favor da priorização da educação pública por parte das autoridades nacionais. Em entrevista ao jornal *La Nación*, Guillermina Tiramonti, uma das coordenadoras do relatório, afirmou ser:

> notável que um país como a Argentina, que se construiu como uma sociedade moderna a partir de sua oferta educacional, não acredite hoje no valor desse fator [a educação pública] e permita que parte de sua população seja condenada ao analfabetismo.

Países com PIB per capita superior ao da Argentina, como Peru, Colômbia, Equador e El Salvador, obtiveram melhores resultados. Apesar da queda da qualidade da educação pública, muitas famílias de classe média acabam optando por escolas públicas por não terem condições de pagar mensalidades no sistema privado. As escolas bilíngues de Buenos Aires custam, em média, metade do que se pagaria no Rio de Janeiro ou em São Paulo, mas os valores ainda são muito elevados para uma classe média empobrecida.

Nos últimos quinze anos, pela primeira vez na história do país, como apontou o estudo realizado pelo acadêmico e especialista em políticas educacionais Mariano Narodowski, a matrícula nas escolas públicas caiu em torno de 9% ao ano. Outro dado alarmante mostrado pelo censo realizado em 2010 é que 61% dos argentinos acima dos vinte anos não terminaram o ensino médio, que desde 2006 é obrigatório. As razões da crise da educação argentina são várias e têm a ver com os baixos salários pagos aos professores e, em geral, a redução do orçamento de todos os governos para a educação pública, consequência direta da crise econômica que assola o país. Uma reportagem publicada pela BBC em 2017 mostrou que 90% do orçamento para a educação — em algumas províncias chega a 100% — são usados para pagar salários, deixando pouquíssimos recursos para melhorar a infraestrutura das escolas. Ano a ano, o investimento do Estado argentino em educação é reduzido em relação ao período anterior. De acordo com dados publicados pela agência de checagem de informação Chequeado em outubro de 2022, o orçamento para a educação nacional previsto para 2023 caiu 9% em relação às despesas desembolsadas em 2022. Na mesma reportagem sobre o assunto, a Chequeado apontou que, entre 2012 e 2022, houve cinco anos em que o orçamento destinado à educação foi inferior ao do ano anterior. Desde a década de 1970 não há melhoria nas verbas dedicadas à educação.

A Argentina ainda tem boas universidades, entre elas a estatal Universidade Nacional de Buenos Aires (UBA), considerada uma das melhores da América Latina. Durante os governos kirchneristas foram criadas universidades públicas na província de Buenos Aires, como a Universidade de Quilmes e a de La Matanza, mas o nível acadêmico é inferior ao da UBA. As universidades particulares são acessíveis apenas para jovens das classes mais altas e, cada vez mais, para estudantes estrangeiros — entre os quais, milhares de brasileiros. Na Argentina não existe um sistema como o Enem nem vestibular. Todos os alunos ingressam direto. Os estrangeiros precisam fazer em algumas universidades, como a UBA, apenas uma prova de proficiência em espanhol, mas outras universidades particulares nem sequer exigem isso. Para muitos brasileiros que querem seguir carreiras como a medicina, é mais barato pagar moradia e faculdade na Argentina do que apenas a faculdade no Brasil — sem mencionar a dificuldade de acesso. O sistema de revalidação de diplomas, segundo comentaram brasileiros que optaram por estudar na Argentina, funciona sem grandes problemas.

Em matéria de saúde pública, a Argentina tem uma grande rede de hospitais estatais, mas o atendimento e as condições em que trabalham os médicos se deterioraram de forma expressiva nas últimas décadas. O país não tem um sistema único de saúde e cada província é responsável pelo fornecimento de serviços de saúde. O melhor atendimento está disponível na capital do país, o que explica por que moradores da Grande Buenos Aires procuram hospitais da cidade: as opções nas regiões onde moram são muito ruins. O sistema de saúde público argentino é bastante procurado por imigrantes latino-americanos que não podem pagar um plano de saúde, e, em alguns casos, moradores de cidades das fronteiras com países como Bolívia e Paraguai atravessam para o lado argentino para buscar atendimento. No entanto, em comparação com o que o país já ofereceu a seus habitantes, a qualidade do serviço piorou de forma expressiva.

Em 2022, a Universidade Católica Argentina (UCA) divulgou o estudo "Estado da saúde e acesso ao atendimento médico na Argentina urbana", em que afirma que o sistema de saúde pública argentino está colapsado, sendo incapaz de atender às demandas da sociedade, com longas filas para consultas médicas e cirurgias. Cerca de 70% dos argentinos de baixa renda afirmaram que não realizam check-ups anuais devido à deficiência no atendimento. Outros 20,2% disseram ter tido de esperar mais de dois meses para ter uma consulta com um especialista. O estudo da UCA mostrou, ainda, que 67,4% dos pobres argentinos buscam atendimento em hospitais públicos. Já entre os integrantes da classe média, o percentual caiu para 19,5%. Os que dependem do sistema público se queixam do atendimento ruim e demorado. Em entrevista ao jornal *Perfil* em maio de 2023, o especialista em saúde pública Ignacio Katz assegurou que o sistema argentino acumula cinco décadas de deterioração.

Médicos argentinos que atuam em hospitais públicos e pediram anonimato contaram que a situação só piora. Um deles relatou que as condições de infraestrutura dos hospitais é preocupante e que se vivem situações que parecem um filme de terror. Uma médica clínica que tem mais de vinte anos de experiência em hospitais estatais de Buenos Aires contou:

> Um dia desses, estava caminhando em um corredor e de repente minha cabeça bateu em duas pernas. Era uma pessoa pendurada em um lustre que estava tentando se suicidar. Muitas pessoas passaram por esse mesmo corredor e não fizeram absolutamente nada, simplesmente deixaram aquele paciente psiquiátrico ali pendurado. Eu imediatamente o salvei, e foi por pouco. Essa é a nossa realidade.

Já os que podem bancar um plano de saúde vivem uma realidade melhor, mas também cada dia mais complicada. Como acontece no Brasil, o número de médicos que aceitam convênios está em decréscimo, já que o pagamento que recebem é muito baixo. Vários médicos renomados já cobram em dólares, e a demora para fazer exames e ter consultas com profissionais que continuam atendendo pelo plano é cada vez maior. A única maneira de conseguir fazer um exame rápido é indo a uma emergência de algum hospital particular e dizendo que se trata de uma urgência. Caso contrário, mesmo os que têm plano podem ser obrigados a esperar até um mês, ou mais, para fazer exames como colonoscopia.

Quando se trata de saúde e educação, a Argentina não é mais o país que era e se parece cada vez mais com seus vizinhos latino-americanos. A classe média está a cada ano mais empobrecida, e os pobres, segundo dados expostos por diversas pesquisas, já representam quase 50% da população. Segundo Riorda, para muitos, existe um "país invisível" que os estrangeiros que passeiam pela Argentina não conseguem ver. "As pesquisas sobre como se autopercebem os argentinos mostram que dois terços da população ainda acham que são de classe média, mas não é mais assim. Os indicadores econômicos mostram que a classe média é muito menor", frisou Riorda. Os novos pobres argentinos moram em favelas, onde conseguem pagar um aluguel econômico, que no primeiro semestre de 2023 estava em torno dos 25 mil pesos, para um apartamento pequeno. Mas os preços variam de favela para favela, dependendo da localização, dos meios de transporte próximos, do tamanho do apartamento, da existência de banheiro privativo, entre outros fatores.

Para esses novos pobres, ouvir o governo dizer que é exagerado falar em crise foi um balde de água gelada. Quando Fernández fez sua polêmica declaração sobre o poder aquisitivo dos argentinos, fui até a favela 21-24, localizada no bairro Barracas, para sentir o clima entre os moradores. Por lá, o que caiu bem foi a declaração do papa Francisco, que, quase simultaneamente ao presidente, se disse horrorizado com a pobreza em seu país. O padre "Toto" De Vedia, que comanda a paróquia local, comentou:

> O que Francisco afirmou nos representa, sentimos exatamente a mesma coisa. A pobreza só aumenta e as necessidades das pessoas mais humildes

são cada vez maiores [...]. Hoje nos pedem ajuda para pagar o aluguel de um quartinho aqui na favela, para comprar um botijão de gás, para comer.

O padre Toto conviveu com Francisco quando era Jorge Mario Bergoglio e ia de ônibus até a favela.

As maiores taxas de pobreza são registradas na região da Grande Buenos Aires. De acordo com dados do Observatório da Dívida Social da Universidade Católica Argentina, no primeiro semestre de 2023 a pobreza na capital do país atingia 12,7%, bem abaixo dos 46,5% registrados na Grande Buenos Aires. Em alguns distritos dessa região da província mais importante do país, 74,9% dos moradores vivem abaixo da linha da pobreza — são os argentinos mais marginalizados da sociedade e que dependem, todos, de programas de ajuda social para sobreviver. Nos bairros populares, inclusive onde vivem pessoas com trabalhos regulares, formais e informais, a pobreza chegou a 50,1%.

Apesar de a Casa Rosada negar a realidade, a Argentina tem uma pobreza estrutural, mesmo que a economia tenha crescido 10% em anos como em 2021. Nesse sentido, o país está cada vez mais parecido com o Brasil e outros vizinhos latino-americanos. Uma das coisas que diferenciam a Argentina do Brasil, no entanto, é que muitos de seus pobres são novos pobres. Segundo dados do Observatório da UCA, dos pouco mais de 40% de pobres argentinos em 2023, entre 10% e 15% despencaram da classe média nos últimos vinte anos. São pessoas que ganham muito mal, são extremamente afetadas pela inflação ou, no pior dos casos, ficaram desempregadas.

Uma das reportagens que fiz em 2023 e mostrou essa nova pobreza argentina revelou como pessoas passaram a dormir no Aeroparque Jorge Newbery, onde desembarca a maioria dos brasileiros que chegam a Buenos Aires para passear. Entre 2022 e os primeiros meses do ano seguinte, o aeroporto, de onde também saem e chegam voos do Uruguai, do Paraguai, da Colômbia, do Chile, do Peru e até mesmo dos Estados Unidos, transformou-se em abrigo para dezenas de pessoas em situação de rua. As cenas de argentinos dormindo no chão, ao lado de escadas rolantes, atrás dos telões que indicam os horários dos voos e até mesmo em sofás de cafés do aeroporto portenho, impactam quem passa por lá. Um dos dados mais dramáticos da crise da nação que foi um dos dez países mais ricos do mundo é o percentual de crianças pobres: 54,12%.

Em uma noite do primeiro semestre de 2023, fui até o aeroporto conversar com sem-tetos que passam a noite em seus corredores, como Sérgio Fernández, de 52 anos, que havia ficado desempregado dois meses antes. Ele contou que ali é um local tranquilo e ninguém reclama de sua presença: "Espero conseguir outro emprego em breve e poder alugar alguma coisa, mas hoje vivo com um subsídio estatal de 22 mil pesos (275 reais em valores do mercado paralelo) e com isso apenas consigo comer o básico".

De acordo com dados oficiais divulgados em 2022, cerca de 2.900 argentinos viviam nas ruas. Desse total, 60% estavam na capital. Entretanto, ONGs locais questionaram as estatísticas do Indec. Horacio Avila, fundador da ONG Projeto 7, dedicada a ajudar pessoas que moram nas ruas da capital argentina, contou em entrevista a veículos locais que, segundo censos realizados por várias ONGs que ajudam moradores em situação de rua, o número já chega a cerca de 10 mil e aumentou 30% entre 2021 e 2022.

Ao drama das pessoas que estão se instalando nas ruas, principalmente na capital, somou-se a fome. Desde a pandemia, os refeitórios populares da Grande Buenos Aires não conseguiram mais atender à demanda dos novos pobres argentinos. Visitei um desses refeitórios no bairro portenho de Lugano, onde conversei com Carlos Esquivel, de sessenta anos, que todos os dias, com exceção dos domingos — quando come graças à ajuda de uma igreja do bairro onde mora — toma café, almoça e janta no refeitório da Fundação Margarita Barrientos. Ele foi demitido da estatal AYSA, que fornece água à capital e a vários municípios da Grande Buenos Aires, e, com um subsídio de parcos 30 mil pesos mensais, conseguia apenas pagar um aluguel de 25 mil pesos. Se não fosse pela ajuda de pessoas como Margarita Barrientos, que há quase trinta anos comanda um exército de voluntários que diariamente servem comida no refeitório popular de Lugano e outros bairros, Carlos, como milhares de outros argentinos que engrossam a lista dos novos pobres do país, não teria o que comer.

No maior refeitório que a fundação de Margarita — chamada de "mãe" por muitas das pessoas que ajuda diariamente — construiu, a pobreza impacta. Famílias inteiras chegam ao local às seis horas da manhã para garantir um prato de comida na hora do almoço. Todos os dias, a fundação entrega 3 mil quentinhas, e, quando as gigantescas panelas usadas pelos cozinheiros ficam vazias, os voluntários servem o que têm à disposição: pão, ovos, um pacote de macarrão ou de arroz. A ordem da chefe, que monitora tudo com carinho e dedicação, é que ninguém passe fome. Margarita lamenta:

> O que estamos vivendo é pior do que qualquer outra crise na Argentina. Em 1989, quando tivemos hiperinflação, eu era catadora de lixo e com isso conseguia comer e até ajudar algumas pessoas. Hoje, temos argentinos que trabalham na informalidade e que sem os refeitórios não teriam o que comer.

Margarita é considerada uma celebridade na Argentina. Ela costuma aparecer em programas de rádio e TV, e, toda vez que é entrevistada, as doações aumentam. "Estão chegando pessoas novas, gente que não estava na pobreza e agora não tem alternativa. Damos comida, roupas, cobertores, tudo o que podemos para ajudar", contou.

A fundação Margarita Barrientos é apenas uma entre muitas. A Rede Solidária, criada em 1995 e presente em todo o país, entrega comida quase todos os dias na Praça de Maio, símbolo icônico do centro de Buenos Aires. "A maioria das pessoas que pedem ajuda está morando na rua, e cada vez são mais. Todas as semanas vemos novos pobres que não têm recursos para satisfazer suas necessidades básicas de alimentação", contou Juan Carr, principal representante da Rede Solidária e referência quando se trata da questão da fome na Argentina. Para ele, os números atuais da pobreza argentina são "de partir o coração": "Quando vemos pessoas novas, fazemos o possível para tirá-las das ruas porque sabemos que, se passarem três ou quatro meses, o mais provável é que esses pobres não consigam mais sair dessa situação".

Essa Argentina que Fernández nunca reconheceu e que representa a maior derrota possível para um governo peronista convive com outra Argentina que é um verdadeiro paraíso para turistas estrangeiros, que chegam ao país com moedas mais fortes que o peso argentino, entre elas o real. Superada a pandemia, os turistas brasileiros invadiram Buenos Aires e outros destinos turísticos do país, com destaque para Mendoza, província famosa por seus vinhedos; Ushuaia, no extremo Sul; e Bariloche, El Calafate e Salta, no Norte. Para os brasileiros, que em 2022 e 2023 lideraram o ranking de turistas estrangeiros no país, a Argentina se tornou um destino mais atraente e barato do que outros em seu próprio país. Seus principais interesses são comer bem, beber e comprar garrafas de vinho para levar de volta para casa (são permitidos dezesseis litros por pessoa), além de passear. Um vendedor de vinhos de uma badalada loja de Palermo contou que turistas brasileiros — e de outras nacionalidades — chegam a gastar mais de 10 mil dólares per capita em vinhos. Hospedar-se na capital argentina é muito barato em comparação com cidades como Rio de Janeiro, São Paulo ou Nova York. Em 2023, era possível alugar um apartamento pequeno pelo aplicativo Airbnb por apenas setecentos ou até mesmo seiscentos dólares por mês. O aumento de aluguéis temporários provocou, em contrapartida, a escassez de apartamentos para inquilinos locais, cobrados em pesos. Para um argentino de classe média, conseguir um apartamento cujo aluguel seja cobrado em pesos a valores razoáveis se tornou uma missão quase impossível. Segundo Luciana Cabanillas, gerente da corretora Abba Cabanillas, uma das maiores do bairro Palermo, no primeiro semestre de 2023 havia nessa região da cidade uma longa lista de espera de potenciais inquilinos à procura de apartamentos: "Muita gente optou por alugar seus apartamentos para estrangeiros, e isso criou um problema no mercado interno".

A Buenos Aires que não empobreceu e pode ser aproveitada pelo turista estrangeiro ainda tem muito a oferecer: cafés por todos os lados, sorveterias deliciosas, restaurantes excelentes, museus (como o de Arte Latino-Americana, onde está exposto o *Abaporu*, de Tarsila do Amaral), teatros, livrarias lindíssimas — desde a majestosa El Ateneo, na Recoleta, até as mais boêmias, como a Eterna Cadencia, em Palermo —, estádios de futebol, parques e comércio econômico para os interessados em fazer compras.

Para o turismo de altíssimo poder aquisitivo, existem, ainda, dezenas de campos de golfe. O empresário brasileiro Geninho Thomé, fundador e presidente da Neodent, uma empresa especializada em implantes dentários, e desde 2014 na lista de bilionários brasileiros da revista *Forbes*, contou que viaja com frequência para a Argentina em seu avião particular. Lá, ele e a família aproveitam a vida cultural e os bons restaurantes, compram vinhos, e Geninho aproveita para jogar golfe. "De Curitiba são apenas duas horas de voo, vale muito a pena", disse o bilionário.

Muitos restaurantes portenhos ficam lotados de brasileiros todos os finais de semana, e, em alguns casos, os grupos de turistas chegam à cidade para comemorar aniversários ou algum outro evento familiar. Em 2023, Buenos Aires virou uma espécie de parque de diversões para os turistas brasileiros.

Outra tradição argentina são os *quioscos*, minimercados em que se pode comprar desde bebidas até biscoitos, balas, chocolates e cigarros, entre muitas outras coisas. Eles já foram mais numerosos, mas ainda estão em todos os bairros da cidade. Com a crise, muitos fecharam pela queda do consumo. Buenos Aires também mantém a cultura dos engraxates, que oferecem seus serviços nas ruas do centro, sobretudo nos arredores da Praça de Maio e em estações de trem.

Para um estrangeiro existe, ainda, a graça de interagir com os argentinos e aprender expressões típicas do país. A lista é longa, e os brasileiros adoram saber o significado de gírias locais como *pibe* (rapaz), *macana* (algo como "Que droga!"), *chamuyo* (conversa fiada), *mina* (moça), *guita* (dinheiro), *trucho* (falso), *chabón* (cara, rapaz) e *gil* (babaca). Algumas das expressões mais populares são "*¡Que quilombo!*" ("Que bagunça!"), "*Vamos a tomar unas birras.*" ("Vamos tomar umas cervejas."), "*tomar el Bondi*" ("pegar o ônibus"), "*Sos un cheto.*" ("Você é um mauricinho."), "*¡Que zarpado!*" ("Que ousado!"), "*Me re cagaron.*" ("Me ferraram."), "*Me estás jodiendo?*" ("Você está de sacanagem?"), "*Que rata que sos.*" ("Você é um pão-duro."), "*Estoy al horno.*" ("Estou fodido.") e "*hincha pelotas*" (pessoa que enche o saco), entre muitas outras. O glossário de gírias argentinas é enorme, e quem não as conhece pode fazer grandes confusões em sua passagem pelo país.

Os argentinos que emigraram nas últimas duas décadas, assunto do último capítulo deste livro, costumam comentar que a Argentina é um excelente lugar para visitar como turista, mas não para morar. Eu acrescentaria que também é bastante confortável para quem vive no país e tem renda em outra moeda, embora essas pessoas igualmente sofram, ainda que em menor escala, o mesmo estresse com o qual convive diariamente a população média.

Os habitantes do país, sobretudo nas grandes cidades, são bombardeados permanentemente com notícias negativas. A inflação e o dólar não param de subir, a pobreza aumenta, a economia vive em crise constante, há tensões políticas e greves. Também não se pode confiar nos bancos, que a cada dia se tornam menos relevantes para a vida dos argentinos, obrigados a apelar para as já mencionadas *cuevas*, onde se opera no mercado paralelo, assim como fazer um financiamento na Argentina é uma operação de alto risco. Em maio de 2023, o Banco Central argentino elevou as taxas de juros para 97% ao ano, um verdadeiro pesadelo.

Além dos perrengues econômicos, os portenhos precisam lidar, ainda, com os piquetes. Esses protestos, quando os manifestantes se sentam no meio da rua, impedindo a passagem, fecham ruas e estradas e atrapalham a circulação de carros, ônibus, caminhões e motos, criando uma espécie de muralha que os argentinos costumam utilizar para manifestar-se contra o Estado, algum outro poder ou empresas privadas. Em plena pandemia de covid-19, o então embaixador argentino no Brasil, Daniel Scioli, foi até o Ministério da Saúde pedir que o governo do presidente Jair Bolsonaro enviasse um medicamento de que a Argentina precisava destinado a pacientes entubados. Diante do primeiro "não" recebido, o embaixador disse aos funcionários do Ministério da Saúde do Brasil que faria um piquete até conseguir que o remédio fosse enviado aos hospitais de seu país. Ele se sentaria em um dos sofás da sala de espera do ministro da Saúde brasileiro, Eduardo Pazuello, e esperaria o tempo que fosse necessário. Scioli chegou a perguntar ao ministro se ele sabia o que era um piquete, e a resposta, apesar de o termo existir também na língua portuguesa, foi "não".

Os piquetes fazem parte do dia a dia dos argentinos, sobretudo dos moradores da Grande Buenos Aires. Em 2022, foram registrados mais de 9 mil protestos em todo o país, um recorde histórico. O mês com mais piquetes foi junho, quando foram contabilizados 966. Todas as manhãs, os noticiários da tv aberta informam onde há piquete e quais são os caminhos alternativos para evitar as vias fechadas.

Outra dor de cabeça que vem aumentando entre os moradores de Buenos Aires e outras cidades argentinas é a insegurança, o que explica por que muitos candidatos à presidência na campanha de 2023 levantaram a bandeira da "ordem" como uma das mais importantes. A violência nas ruas é mais um dos motivos que levam muitos argentinos a emigrarem. Nas redes sociais, jovens que se mudaram para países como Austrália ou Nova Zelândia postam vídeos mostrando como nesses lugares uma pessoa pode dormir em uma praça pública com o celular no colo sem correr o risco de ser assaltada. Já em Buenos Aires, como nas grandes cidades brasileiras, o roubo de aparelhos é frequente nas ruas e no transporte público. Os furtos aumentaram muito após a pandemia, simultaneamente com o empobrecimento da população. Em bairros como Palermo e Belgrano, moradores criaram grupos de WhatsApp para alertar vizinhos sobre ruas e locais onde ocorrem assaltos a qualquer hora do dia. Em Buenos Aires, não se ouvem tiroteios, como no Rio de Janeiro, e o nível de violência ainda é inferior ao que se vive no Brasil, mas os índices pioram a cada ano e são motivo de preocupação — até mesmo os condomínios fechados da região da Grande Buenos Aires, para onde se mudam famílias das classes mais altas em busca de uma vida mais tranquila, sofreram assaltos nos últimos anos.

Os argentinos que moram no Brasil costumam dizer que em Buenos Aires ainda se pode caminhar pelas ruas, até mesmo à noite, com mais tranquilidade do que no Rio ou em São Paulo. De fato, essa ainda é uma realidade, embora a situação esteja mudando. A violência aumentou, e muitos pais voltaram a acompanhar seus filhos, até mesmo os que já estão na faculdade, nos trajetos de ida e volta de seus estudos. Usar o celular na rua é sempre um perigo, e, no transporte público, os furtos se multiplicaram.

Buenos Aires não é uma capital europeia, ainda que algumas de suas ruas, palácios e prédios antigos rememorem épocas passadas, nas quais o país fora muito mais rico e mais seguro. Para os estrangeiros, tudo é uma festa. Tomar um café no clássico La Biela, na Recoleta, frequentado no passado por escritores como Jorge Luis Borges e Adolfo Bioy Casares, é um luxo. Ver uma peça de teatro no belíssimo teatro Colón, localizado na avenida Corrientes, ou jantar em um dos restaurantes mais badalados do moderno bairro Puerto Madero são programas inesquecíveis e que, com a vertiginosa desvalorização do peso, se tornaram inacreditavelmente baratos até mesmo para quem ganha em reais. Mas essa Argentina, que virou uma Disneylândia a preços muito acessíveis para quem chega de fora, é apenas uma das faces de um país em crise, no qual seus habitantes vivem sufocados por uma economia em crise permanente e que gera inúmeras consequências para o dia a dia das pessoas. Não é por acaso que os argentinos são dramáticos, fazem tanta terapia e adotaram a palavra "resiliência" como uma de suas preferidas. Se o Brasil não é para amadores, a Argentina não é para fracos.

9

UM PAÍS DE IMIGRANTES E EMIGRADOS: HISTÓRIAS DO QUINTO ÊXODO

A ARGENTINA TEM UMA CARACTERÍSTICA que a diferencia de muitos vizinhos latino-americanos: ser um país de imigrantes e, ao mesmo tempo, de emigrados. Se no final do século XIX e começo do XX a nação era vista como uma espécie de terra prometida pelos europeus — sobretudo espanhóis e italianos —, nos últimos trinta anos os imigrantes que chegaram ao país foram, em sua grande maioria, latinos (paraguaios, bolivianos, peruanos, chilenos, colombianos e venezuelanos). Paralelamente, empurrados pela sucessão de crises econômicas, muitos argentinos tomaram a difícil decisão de partir em busca de uma vida melhor, em muitos casos, em outro continente.

O fenômeno foi estudado por especialistas locais como os sociólogos Jorge Graciarena (falecido em 2014), uma eminência de trajetória reconhecida na América Latina, e Fernando Osvaldo Esteban, entre outros. Uma reportagem publicada no site Infobae em setembro de 2020 intitulada *Los éxodos de la Argentina: los momentos históricos que hicieron que muchos se fueran del país* [Os êxodos da Argentina: os momentos históricos que fizeram que muitos abandonassem o país], escrita pelo jornalista Milton Del Moral, que menciona o trabalho de ambos os especialistas, lembra que em 1914 cerca de 30% da população argentina não tinha nascido no país, e 28% vinham de nações limítrofes. Um de cada três habitantes da Argentina era imigrante. O país foi, de acordo com o pesquisador em demografia Alfredo Lattes, também mencionado na reportagem, o segundo do mundo que mais recebeu imigrantes do Sul da Europa.

Contudo, essa história começou a mudar na década de 1960, quando ocorreu, de acordo com os pesquisadores argentinos, a primeira grande onda de migrações após o golpe que derrubou o governo de Arturo Illia e instalou uma ditadura no país. A segunda onda se deu depois de outro golpe, o de 24 de março de 1976, que marcou o início de um dos períodos mais violentos da história argentina. A reportagem do Infobae destaca o artigo *Buscar un refugio para recomponer la vida: el exilio argentino de los años '70* [Buscar um refúgio para recompor a vida: o exílio argentino dos anos 1970], publicado em 2009 pela antropóloga Elda Evangelina González Martínez. Um dos trechos afirma:

> O exílio argentino que se produziu na década de 1970 fez parte do processo de violência política imperante no país desde 1974 (durante o governo de Juan e Isabelita Perón) e, especialmente, a partir do terrorismo de Estado imposto entre 1976 e 1983. A saída forçada de milhares de argentinos foi o resultado direto de práticas repressivas implementadas pelo aparelho estatal e paraestatal. Por isso, a história do exílio desse período representa características que o distinguem de qualquer outro processo demográfico e de emigração argentina prévia ou posterior.

A professora da Universidade Nacional de Buenos Aires Silvina Jensen estima que nesse período saíram da Argentina entre 250 mil e 500 mil pessoas.

Existem outros dois momentos em que a saída de argentinos do país foi notícia na mídia local e são considerados como terceira e quarta ondas por especialistas que estudam os movimentos migratórios do país. Diferentemente das décadas de 1960 e 1970, na terceira onda, no final dos anos 1980, muitas pessoas optaram por emigrar pela crise econômica desencadeada pela hiperinflação, que antecipou o final do governo de Raúl Alfonsín. Sobre esse período não existem dados oficiais. Já a quarta onda ocorreu durante a crise de 2001 e 2002, também por razões econômicas. Segundo uma pesquisa realizada por Esteban, entre os anos 2000 e 2001 cerca de 118 mil argentinos saíram do país e não voltaram. "Se observamos os dados em perspectiva comparada, significa que em dois anos emigrou do país praticamente um quinto do total de residentes argentinos no exterior", explicou o especialista ao Infobae.

Naquele momento, a grande maioria dos emigrados eram jovens estudantes ou profissionais. O país caiu em um buraco profundo, e as perspectivas de futuro eram escassas. Os destinos escolhidos, em geral, foram Estados Unidos, Espanha e Itália, os últimos dois pelo fato de muitos argentinos terem cidadanias espanhola e italiana graças a avós, bisavós ou, no caso da Itália, até mesmo tataravós. Depois do fracasso do governo de Mauricio Macri (2015–2019), que despertou enormes esperanças entre os que estavam cansados do peronismo, a emigração de argentinos voltou a ser um assunto presente em conversas e na mídia, e parece ter se iniciado uma quinta onda migratória.

De acordo com dados da Organização Internacional para as Migrações (OIM), em 2012, 971.698 argentinos moravam no exterior. Estatísticas de 2020 mostraram que esse número havia crescido para 1,1 milhão, o que representa um aumento de 54,9% em relação aos dados de 2010. Comparada com outras nações da região, a Argentina ainda tem um percentual relativamente baixo de cidadãos morando no exterior. Segundo dados das Nações Unidas, em 2017 esse total representava 2,22% daqueles com nacionalidade argentina, abaixo dos 12,56% dos paraguaios, por exemplo. O caso venezuelano é um dos mais dramáticos: cerca de 7 milhões de cidadãos, de um total de 28,2 milhões, vivem fora do país.

Entretanto, nos últimos anos, a lista de argentinos que abandonaram o país e não retornaram cresceu novamente. O site de checagem argentino Chequeado informou, em fevereiro de 2022, que não existem dados disponíveis sobre a emigração internacional de argentinos nesse período recente, mas entre setembro de 2020 e outubro de 2021 foi registrada a saída de mais de 1 milhão de argentinos do país. Desse total, mais de 50 mil declararam que o motivo de sua viagem era "mudança". "Entre 2013 e maio de 2021, saíram mais argentinos do que entraram no país, de acordo com os dados aos quais teve acesso a Chequeado por meio de um pedido de acesso a informações públicas", informou a empresa de checagem.

Os que esperavam que Macri melhorasse a situação da Argentina sofreram uma enorme decepção. O ex-presidente, que em sua campanha presidencial de 2015 prometera, entre outras coisas, reduzir a taxa de inflação, acumulou 300% de inflação em seus quatro anos de mandato. No último ano, a taxa ficou acima de 50%. A enxurrada de investimentos estrangeiros que Macri também prometeu nunca chegou.

Quando Alberto Fernández e Cristina Kirchner venceram as eleições presidenciais de 2019, a sensação entre muitos argentinos, como Mariangel Liebstein, de 36 anos, foi a de que as chances de seu país sair do atoleiro em que estava metido eram nulas. No dia em que Fernández foi empossado, em 10 de dezembro de 2019, Lale, como Mariangel é chamada por seus amigos e familiares, recebeu seu passaporte italiano e começou a pensar seriamente, junto com seu marido, Juan, na ideia de emigrar. Ela estudou e trabalhou na Argentina como designer gráfica, mas desde 17 de junho de 2021 mora em Milão e passou a ganhar a vida como cuidadora de cachorros. Por telefone, ela me contou:

> Na Argentina, nós dois tínhamos trabalho, um bom nível de vida, mas não toleramos mais a má administração do país. Me doía saber que tínhamos recursos para ter um país melhor, mas a política estragava tudo, como sempre. Eu acordava zangada, nunca me sentia em paz, passava o dia inteiro de mau humor. Tinha medo quando andava na rua e decidi que não queria mais morar em um país no qual os filhos que algum dia terei poderiam sair à rua e nunca mais voltar. Não desprezo meu país, mas nele é impossível viver tranquilo. Não tem sentido, nada mais tem sentido.

Ela, como muitos outros argentinos que emigraram nos últimos anos — as matérias na mídia local sobre o assunto são frequentes —, reconhece que não se trata de um processo fácil, muito pelo contrário. O desgarro no coração é duro para quem decide começar do zero em outro país, vivendo em outra língua e longe da família e dos amigos da vida toda. Se tem uma coisa que define os argentinos é seu apreço e dedicação à vida social, aos amigos e à família. A grande maioria dos argentinos que conheci tem grupos de amigos que se conheceram na infância. E esses grupos são prioritários em suas vidas. As pessoas se reúnem com frequência, fazem churrascos, jantares, cafezinhos. O encontro entre amigos é quase uma religião para os argentinos, e esses momentos, relatam os emigrados entrevistados para o livro, fazem uma falta enorme na nova vida que decidiram iniciar. Por isso, em alguns casos, os expatriados acabam formando novos grupos com outros argentinos expatriados, que sentem o mesmo prazer e tratam com a mesma sensibilidade as novas amizades. Já ouvi, inclusive, histórias reais de pessoas que sentiram tanta falta da vida social que tinham na Argentina que acabaram voltando.

O argentino, em geral, gosta de receber visitas em sua casa e leva muito a sério quando faz um convite. O famoso "passa lá em casa" dos cariocas — que nunca acontece e significa, na verdade, apenas uma maneira simpática de dizer tchau — não funciona entre os argentinos. Se uma pessoa lhe diz para passar na casa dela, ela vai esperar sua visita no dia e no horário marcados. Já ouvi muitas histórias de argentinos no Brasil que levaram um balde de água fria ao tratarem com seriedade um convite carioca, daqueles clássicos feitos da boca para fora. Um amigo argentino conheceu certa vez uma pessoa na praia de Copacabana, passaram três horas conversando e, na despedida, claro, o carioca disse: "Passa lá em casa sábado que vem, vou fazer uma feijoada". Meu amigo passou a semana esperando por aquele encontro, comprou um vinho e foi. Quando chegou à casa do carioca, a pessoa simplesmente não lembrava que o havia conhecido. Uma história real, entre muitas outras que já ouvi.

Lale e os outros expatriados que aceitaram contar sua história não se arrependeram da guinada de 180 graus que deram em suas vidas, mas admitem que a vida ficou mais solitária e que no país para o qual se mudaram tiveram dificuldade de fazer amizades com os locais:

> Eu e meu marido encontramos amigos na academia de ginástica na qual nos inscrevemos, foi a nossa sorte. Mas, mesmo assim, em muitos finais de semana ficamos em casa sozinhos, sem programa. Nos primeiros meses, o choque pós-migração é grande. Nosso círculo de amigos ainda é reduzido, mas já fomos convidados para um casamento. Milão é uma cidade onde vivem muitos expatriados, pessoas que estão na mesma situação e também em busca de uma nova vida, mas é difícil começar de novo, procurar amigos, cultivar relações.

O desafio econômico também é grande. Emigrar não é para qualquer um, e, no caso dos argentinos, estão saindo do país os que têm uma poupança que possa financiar alguns meses, ou até mesmo anos, até que a pessoa, o casal ou a família consiga um sustento no país no qual se instalou. Um ano e meio depois de deixar a Argentina, Lale e Juan ainda estavam na luta, vivendo com o que ela ganhava como cuidadora de cachorros e com um subsídio a que ele teve direito após ser demitido do primeiro emprego que conseguiu quando chegou à Itália. Lale desabafou:

> Muitos amigos me perguntam se vale a pena emigrar, e sempre digo que sim. O denominador comum de todos os que tomamos essa decisão é o cansaço mental provocado pela vida na Argentina. Desde que cheguei à Itália minha mente relaxou. Tenho tempo de pensar em outras coisas que não sejam o estresse diário de sobreviver em um país no qual tudo fica mais complicado a cada dia que passa. A parte econômica é complicada, mas prefiro fazer sacrifícios e viver mais tranquila. Não troco isso por nada.

Ela e o marido bateram o martelo sobre deixar a Argentina quando o governo do presidente Alberto Fernández anunciou, no final de 2020, uma nova taxa para comprar dólares, com o limite de duzentos dólares mensais por pessoa. Naquele momento, caiu a ficha:

> Pensei e disse ao meu marido que não valia mais a pena o esforço. Nosso objetivo era tentar poupar em dólares e, na Argentina, isso se tornou impossível. Com essa nova taxa e as restrições cada vez maiores para adquirir moeda estrangeira, nosso plano foi para o brejo. Para que ficar, então? Naquele momento, tomamos a decisão, e nove meses depois pegamos um voo para a Espanha, onde ficamos duas semanas fazendo quarentena por causa da covid-19, e depois seguimos para Milão.

A história de Lale já foi contada por jornais argentinos como o *La Nación*. Esses relatos dos emigrados fazem sucesso na mídia local pela curiosidade que muitos argentinos têm sobre como é construir uma vida nova em outro país. O desejo é compartilhado por muitos, e o primeiro passo é conseguir um passaporte estrangeiro, em geral de algum país da União Europeia. As filas nos consulados da Espanha e da Itália são sempre grandes em qualquer dia da semana. Muitos dos que estão ali não tomaram, ainda, a decisão de partir, mas é sempre uma possibilidade — e, se nunca tiverem esse impulso, querem dar essa alternativa a filhos e netos.

Lale e Juan ainda não decidiram se ficarão em Milão. Eles gostariam de morar em algum lugar perto do mar, e até mesmo o Brasil poderia ser um futuro destino: "Pensamos em Barcelona, mas está cheia de argentinos. Poderia ser outra cidade espanhola, como Valência, mas vamos esperar para dar esse segundo passo. Emigrar é muito desgastante, sobretudo emocionalmente. Queremos descansar um pouco antes de dar outro salto". Lale, como outros argentinos, não quer se instalar em uma cidade que já esteja repleta de outros milhares de argentinos. Como acontece também com brasileiros, em alguns casos os *hermanos* preferem lugares onde não encontrem muitos compatriotas porque existe a sensação de que, nesses locais, terão menos oportunidades de trabalho e mais concorrência. No entanto, nem todos pensam assim. As dificuldades de socialização muitas vezes levam imigrantes argentinos a procurarem lugares onde tenham mais chances de encontrar pessoas de seu país, sobretudo no caso de famílias com crianças e adolescentes.

Lale me contou que pensou pela primeira vez em deixar seu país aos quinze anos, quando ouviu no rádio uma notícia sobre um episódio de violência:

> Não foi um processo fácil, e quando conheci Juan disse rapidamente qual era minha ideia. Ele imaginava uma experiência temporária no exterior, mas, agora que por fim saímos da Argentina, estamos os dois de acordo: não queremos voltar. A despesa de emigrar é grande. No primeiro ano gastamos cerca de 30 mil dólares. Poderíamos ter vivido com menos, mas o primeiro ano é nefasto, muito duro, você vive o luto de estar longe do seu país, sem seus amigos. Enfim, emigrar não é um conto de fadas.

Desde que se instalaram em Milão, os dois viajaram duas vezes para a Argentina, e a sensação de estar de novo em seu país foi, nas palavras de Lale:

estranha, porque foi como estar de férias onde antes morava. Me senti como uma turista e aproveitei tudo o que o país tem de bom para quem não mora lá e ganha numa moeda mais forte. Eu ouvia os comentários sobre os apagões, o aumento da insegurança, a disparada do dólar e da inflação, e confirmava que a Argentina não é mais o país onde quero morar. O bom dessas viagens foi que tudo o que ouvia não me afetava mais, eu não estava mais zangada como antes. Sabia que seria apenas um tempo, que voltaria para um lugar mais amigável.

Entre as coisas a que teve de renunciar — e não se arrepende —, Lale menciona os jantares em restaurantes, a possibilidade de comer uma carne de excelente qualidade e tomar vinhos mais caros, basicamente os luxos que os turistas estrangeiros podem ter na Argentina e que, para os argentinos, se tornaram exatamente isso: um luxo fora de seu alcance.

Em Milão, o casal paga 1.300 euros de aluguel por um apartamento confortável, mas vive com o dinheiro contado à espera de que Juan consiga um novo emprego. Lale pretende continuar cuidando de cachorros até descobrir o que gostaria de fazer na vida. Trabalhar como designer é algo que ficou no passado, aquele que se encerrou quando saiu da Argentina. "Emigrar", disse ela, "também é refletir sobre a vida que você realmente quer e deixar para trás uma vida na qual você não era feliz."

Emigrar é uma decisão ainda mais difícil quando existem filhos na equação. Uma das grandes diferenças na migração dos últimos tempos é justamente a saída de famílias inteiras, e não apenas jovens em busca de um futuro melhor. Profissionais que tinham mais de vinte anos de carreira na Argentina simplesmente partiram pelo cansaço causado por tantas crises acumuladas e o desgaste por elas provocado.

Alejandra tem uma filha de cinco e um filho de quinze. Ela e seu marido tinham trabalho na Argentina, mas estavam absolutamente desesperançosos sobre o futuro do país. Tentaram vender seu apartamento em Buenos Aires, mas a pandemia atrapalhou os poucos planos que o casal tinha. Mesmo assim, eles fecharam as portas de sua casa e rumaram para a Espanha na cara e na coragem. Dois anos depois, a situação continua sendo desafiadora. Um deles conseguiu emprego, o outro, não. A filha se adaptou à nova vida.

Já o filho, em plena adolescência, tem mais dificuldades. A possibilidade de, em algum momento, retornarem à Argentina lhes causa arrepios, mas está sempre latente, dependendo da evolução que suas vidas terão, sobretudo no tocante às finanças. Morar na Europa é caro, e, embora todos os argentinos que emigram façam cálculos prévios para ter uma poupança que possa financiar os primeiros tempos, a realidade sempre termina sendo mais dura. É o que ouvi em vários relatos de expatriados dos últimos anos.

Algumas regiões da Espanha estão lotadas de argentinos. Uma delas é a Costa do Sol, onde os aluguéis são mais baratos do que em Madri. No subúrbio da capital, um apartamento para uma família de quatro pessoas custa em torno de 1.500 euros — e implica mais de uma hora de transporte público para chegar ao centro. Nas pequenas cidades da Costa do Sol, um apartamento similar custa em torno de novecentos euros mensais. É o que paga a professora de espanhol Inés Barcia, de 44 anos, no município de Mijas, próximo à cidade de Málaga. Ela chegou lá com seu marido, Federico, e os três filhos em março de 2021. A escolha do destino teve relação justamente com o custo de vida mais baixo e, também, com a certeza de que lá encontrariam uma expressiva colônia de argentinos que tornaria mais fácil a adaptação ao novo país. Inés brincou enquanto preparava empanadas para o jantar:

> Depois de dois anos aqui, estamos mais acomodados. O mais difícil nos últimos tempos tem sido administrar as emoções de nossos filhos. Primeiro, o mais velho, que tem dezesseis anos, resistiu muito, demorou a se integrar e falava o tempo todo que queria voltar para a Argentina. Recentemente, ele melhorou, e agora nossa filha do meio, que está prestes a fazer quinze anos, entrou na mesma crise. Só falta o menor e, pronto, bingo!

Seu grande sonho sempre foi morar fora, e seu marido, que é contador, a acompanhou na aventura. Os filhos nunca estiveram muito convencidos e, mesmo depois de dois anos na Espanha, continuam reclamando.

Inés conseguiu um emprego estável e ganha 1.250 euros por mês. Com seu salário de professora de espanhol para estrangeiros, a família cobre a despesa com o aluguel e mais algumas outras. O resto é pago com a renda que Federico continua tendo na Argentina, onde manteve seu escritório de contabilidade. O problema, explicou Inés, é que, com a desvalorização do peso, a renda de Federico é cada vez menor: "Se soubéssemos que nossa moeda perderia tanto valor, talvez não tivéssemos emigrado. Agora estamos vendo como contornar a situação, já que não queremos voltar para a Argentina. Uma opção é vender nosso apartamento em Buenos Aires, mas o momento é péssimo para isso. Outra alternativa é alugá-lo pela plataforma Airbnb e receber o pagamento em euros. Precisamos ampliar nossa renda de algum jeito". O casal ainda consegue pagar as contas, mas economizar? Nem pensar.

Em Mijas, a família da professora conheceu muitos outros argentinos, que chegaram de diversas regiões de seu país. No grupo de amigos que formaram com outras dez famílias, todas as pessoas estão em situação similar. São profissionais acima dos quarenta anos que tinham vidas relativamente confortáveis na Argentina, mas optaram por emigrar porque queriam viver sem tanto estresse, sem medo de sair à rua e em um país que tivesse uma economia estável, regras claras e possibilidades de crescimento. Muitos continuam trabalhando remotamente com clientes argentinos, o que torna a equação mais complicada, porque uma renda em pesos vale muito pouco em um país que tem o euro como moeda, conforme conta Inés:

> Conheci pessoas maravilhosas, de diferentes províncias argentinas. Tenho um grupo de dez amigas, viajamos juntas e nos ajudamos muito, sobretudo a lidar com as fases difíceis de nossos filhos. Se você caminhar por Málaga, verá argentinos por todos os lados. Temos salões de beleza, sorveterias, restaurantes, todos comércios de argentinos que vieram para a Costa do Sol. Aqui a vida é 30% mais barata do que em Madri ou Barcelona, mas os salários também são mais baixos.

Inés relata, ainda, que em Mijas há uma escola e saúde pública de qualidade, ônibus escolar gratuito e um ambiente muito agradável. Na escola de seus filhos estudam alunos de todas as partes do mundo, do Irã à Inglaterra. "Eu recomendo muito sair da Argentina, mas não como receita de felicidade, porque não é fácil e não é para qualquer pessoa", ressalta também Inés. "É preciso ter coragem, ser desapegado e estar ciente do enorme desafio que emigrar representa para uma pessoa, e mais ainda para uma família. Nunca estaremos como na Argentina em matéria de amigos ou família — é muito diferente —, mas vivemos mais tranquilos." A professora mora em um condomínio de apartamentos com vista para o mar, terraço e grandes jardins. Em Buenos Aires, a família vivia em um apartamento muito menor, que não tinha nem sequer varanda.

Os relatos dos emigrados argentinos muitas vezes frisam a diferença que sentem em outros países em relação ao emprego que já têm ou quando se esforçam para conseguir um. Na visão de Inés, em países como a Espanha esse esforço é mais valorizado, e muitas coisas na vida ficaram mais simples. Como professora de espanhol para estrangeiros, ela sempre teve alunos no exterior. Morando na Argentina, as dificuldades para receber os pagamentos eram enormes, e muitas vezes precisava pedir ajuda a amigos que tinham contas no exterior. Esse tipo de trâmite é muito mais simples em um país como a Espanha, que não tem tantos controles estatais nas movimentações financeiras.

Se mudar de vida depois dos quarenta anos é um gigantesco desafio, depois dos sessenta, então, é uma verdadeira proeza. Que o diga Eduardo Pulver, de 63 anos, um engenheiro químico argentino que em 13 de janeiro de 2022 chegou a Israel com sua esposa e uma filha para começar do zero — o outro filho do casal optou por ficar na Argentina. A família se instalou em uma pequena cidade-satélite de Haifa, e em pouco tempo Eduardo conseguiu emprego em uma empresa que faz limpeza de prédios.

Depois de trabalhar em grandes companhias argentinas, quando estava prestes a completar sessenta anos, o engenheiro se especializou em adestramento de cães, e essa passou a ser sua profissão até a pandemia de covid-19, quando os clientes desapareceram. Um pouco antes, na campanha eleitoral de 2019, o peso sofreu uma forte desvalorização, e a família começou a pensar na possibilidade de emigrar. "Durante a pandemia, passei meses inteiros sem trabalhar e tive de gastar muitas economias", lembrou Eduardo.

> As perspectivas econômicas eram muito ruins, e nunca tive esperanças em relação ao governo de Alberto Fernández e Cristina Kirchner. Nossa filha havia estado em Israel e tinha gostado muito. Estávamos morando em Rosário, e lá ela tinha vários empregos e com sua renda conseguia apenas pagar o aluguel e basicamente sobreviver. Chegou uma hora em

que pensei: "Ainda tenho saúde e a possibilidade de fazer outras coisas na vida. Já trabalhei trinta anos como engenheiro, depois mudei radicalmente de profissão e não teria nenhum problema em trabalhar com alguma outra coisa. Vou continuar esperando o quê?".

Como muitos argentinos de sua geração, e alguns mais novos também, as lembranças de Eduardo a respeito da sucessão de crises argentinas são muitas. Ele nasceu em 1960, e uma das primeiras imagens que lhe vêm à cabeça é o golpe contra o presidente Arturo Illia, em 1966:

> Lembro-me de observar minha mãe ouvindo no rádio as notícias sobre o golpe. Meu pai trabalhou muitos anos na TV estatal, ele era técnico, e também lembro quando Héctor Cámpora, o candidato de Perón, venceu as eleições de 1973. Tem uma hora em que devemos ser realistas. Se já vivi sessenta anos e nada mudou, dois terços da minha vida se passaram — se eu tiver a sorte de viver até os noventa. Um dia as economias acabam, a aposentadoria na Argentina é paupérrima, então o que ficaríamos esperando por lá? Minha esposa resistia um pouco, mas eu sempre lhe disse que nossos filhos acabariam indo embora, então era melhor que nós fôssemos também. Hoje nós dois temos emprego, eu em uma empresa na qual já virei supervisor, e ela em uma escola. Alugamos um apartamento de três quartos, compramos um carro com financiamento a taxas baixíssimas, como nunca teríamos na Argentina, e estamos felizes. Tenho certeza absoluta de que tomamos a melhor decisão.

Segundo contou Eduardo, para imigrar para Israel é preciso ter pelo menos um avô judeu, mas não são feitas exigências sobre conhecimento de hebraico ou prática da religião judaica. Cumprindo essa condição, o governo de Israel oferece uma ajuda econômica aos imigrantes nos primeiros meses e alternativas de cursos para aprender hebraico. O idioma é importante, mas muitos empregos não requerem saber falar a língua nativa. O inglês é amplamente falado no país.

"Com a guerra entre Rússia e Ucrânia e as crises na América Latina", explica Eduardo, "Israel se tornou um destino atraente. O país está repleto de russos, mas vemos bastantes argentinos, uruguaios, brasileiros e chilenos. Tem de tudo."

A taxa de inflação em Israel esteve nos últimos anos em cerca de 5% ao ano, algo que parece ficção científica para os argentinos, que, ainda no primeiro semestre de 2023, já tiveram de lidar com uma inflação de 100%. O salário mínimo é de 1.500 dólares, e um casal empregado, garantiu Eduardo, vive bem e consegue até mesmo economizar:

> Aqui se trabalha seis dias por semana, essa é uma diferença importante, mas, por outro lado, pedi um financiamento a um banco e comprei um carro zero quilômetro pagando juros de 5% ao ano. Aqui todo mundo troca de carro depois de três ou quatro anos. Também existe financiamento imobiliário, mas você precisa ter 30% do valor total e os imóveis mais econômicos estão em torno dos 300 mil dólares. Pela idade, não vou conseguir um financiamento de trinta anos. Meu plano é vender meus imóveis na Argentina quando for possível.

Uma das vantagens de emigrar para Israel, segundo o engenheiro, é que as pessoas se desfazem de coisas em excelente estado para comprar novas. Ele e sua esposa montaram seu apartamento com doações de praticamente tudo de que precisavam, sem gastar um centavo. Já a carga tributária, admitiu, é alta, mas "pelo menos aqui sentimos que os impostos que pagamos servem para ter serviços de qualidade, coisa que não acontece na Argentina". Por outro lado, pagando apenas trinta dólares mensais, Eduardo tem um bom plano de saúde e um médico de família que acompanha qualquer tipo de problema que ele e sua esposa tenham. E, apesar das muitas turbulências políticas existentes em Israel, para Eduardo nada se compara à montanha-russa que foi sua vida na Argentina:

> Meu pai me falava muito sobre o primeiro peronismo, os dois primeiros governos do general Perón. Minha família nunca foi peronista e se negou a ficar de luto quando Evita morreu. Por isso, meu pai quase foi despedido da TV estatal. Nós sempre pensamos em emigrar, mas eu fui o primeiro a fazer isso. Eu não queria ficar com essa vontade e me arrisquei.

Na Argentina, muitos perderam a esperança de que algum dia o país mude, tornando-se um país normal. Cada um tem a sua história, mas todos temos, como denominador comum, uma frustração muito grande, uma desilusão com nosso país. Mesmo que chegue um governo melhor, serão necessários pelo menos vinte anos para dar um jeito na Argentina, e eu não tenho esse tempo. Não vou mentir e dizer que emigrar é fácil, porque não é, mas as pessoas ajudam. E, se tiver empenho, dá para conseguir trabalho. Eu consegui com mais de sessenta anos, veja só.

Em fevereiro de 2023, o jornal *La Nación* publicou a história de Francisca Urrutia, de 31 anos, que deixou a província argentina de Mendoza para instalar-se na Holanda. Como muitos outros argentinos, Francisca deixou um emprego na Argentina, sua família e seus amigos. Superando o apego a seus vínculos mais próximos, e o medo que disse sentir cada vez que pensava em emigrar, essa argentina tomou coragem e partiu em 2022. Na mesma empresa em que trabalhava na Argentina, conseguiu emprego na Holanda. Seu caso de sucesso a levou a escrever em seu blog pessoal dicas para seus compatriotas que estejam pensando em emigrar. Ela chamou essas dicas de "manual de sobrevivência para expatriados". Seguem algumas delas:

- Faça amizade até com pedras, nunca se sabe com quem você pode passar um tempinho.
- Não finja que está com a vida resolvida em poucos meses. Quantos anos você levou para viver de forma independente e confortável em seu próprio país? Dê ao novo projeto um pouco mais de tempo.
- Coloque os ovos em cestas diferentes. Uma pessoa não pode cumprir todas as funções importantes.
- A sensação de desenraizamento surpreende do nada, principalmente nos momentos em que você se encontra sozinho. Não se preocupe, essa sensação passa.
- Tudo para um imigrante é vivido com mais intensidade, o bom e o ruim. O bom geralmente vence o ruim.

Mudar de país faz com que o mundo e as possibilidades se abram para você, que começa a ver como o seu universo era um microcosmo e que existem infinitas opções.

Os tempos claramente mudaram. Se em 1914 os estrangeiros representavam 30% da população que vivia na Argentina, atualmente, segundo dados oficiais do Instituto Nacional de Estatística e Censos (Indec), representam 4,5%. A Argentina não é mais vista como uma terra prometida e, como me disse certa vez uma emigrante, "o medo de começar de novo é muito menor do que o medo de nunca ter tentado e de me tornar uma pessoa frustrada em um país que expulsa seus cidadãos".

Agradecimentos

Sou marinheira de primeira viagem, e escrever este livro representou o desafio de vencer muitos medos. Pela minha experiência nesta vida, medos se vencem com a ajuda de seres queridos, dos nossos afetos incondicionais, e tenho a sorte de ter muitos desses. Teria gostado de poder compartilhar esta experiência com meu pai, a pessoa que me fez escolher o jornalismo como profissão, mas não deu tempo. Ele nos deixou em 2019, no entanto seu legado é eterno e também foi de enorme ajuda neste caminho.

A lista de pessoas que me acompanharam é grande, e quero agradecer muito especialmente a cada uma delas. Começo pela família, porque foram meses de trabalho intenso, e, sem a compreensão e o apoio de cada um dos que integram meu círculo mais íntimo, eu não teria conseguido: meu marido, Nicolás; meus filhos, Carolina e Manuel; minha mãe, a professora de Relações Internacionais Monica Hirst, e meu irmão caçula, Francisco Bouzas, foram grandes companheiros. Marido e filhos, mais uma vez, estiveram ao meu lado, como quando precisei mudar a família toda para o Brasil em 2018. Serei eternamente grata por essas entrega, empatia e capacidade de acompanhar. Francisco, um jovem cineasta argentino, me falou sobre seu mundo, a respeito do qual eu pouco conhecia. De cada um deles tive o apoio de que precisava e a todos estou profundamente agradecida. Minha mãe leu com carinho e atenção quase todos os capítulos, comentou e deu dicas, sempre respeitando meu estilo e meu trabalho. Mesmo atravessando uma etapa revolucionária em sua vida, dedicou tempo a algo que era muito importante para mim. Aos 47 anos, sou um ser privilegiado. Por essas ironias da vida, escrevi o último capítulo no dia em que ela concretizou a venda de seu apartamento em Buenos Aires, em plena crise econômica argentina, para retornar ao Brasil. Nossas vidas estão ligadas aos dois países — e sempre estarão.

O que dizer sobre as amigas que ficaram na torcida, perguntando, comemorando cada capítulo que eu conseguia terminar numa rotina insana, comentando *posts* em redes sociais e sempre transmitindo boas energias? São muitas, e certamente vou levar puxões de orelhas de algumas, mas elas sabem o quanto são importantes para mim. Renata Martinelli, Weena Saboya Souza, Juliana Martins, minhas amigas de infância, obrigada por estarem a meu lado sempre que preciso, para comemorar e desabafar. Eduardo Graça, meu amigo e colega, obrigada por cada palavra de alento quando mais precisei. Flávia Barbosa, amiga querida, obrigada por tantos anos de parceria, e por compartilhar a paixão pela Argentina — a dobradinha de 2001/2002 é inesquecível. Muitas das pautas que pensamos juntas me inspiraram ao escrever este livro. A todos os editores de Mundo do jornal *O Globo* com os quais trabalhei nos últimos 23 anos, obrigada por me ajudarem a crescer, sempre com a Argentina ocupando um lugar central nas minhas coberturas: Claudia Sarmento, Sandra Cohen, Claudia Antunes e Henrique Gomes Batista. E não posso deixar de mencionar o queridíssimo Flávio Lino, editor adjunto de Mundo d'*O Globo*, amigo e companheiro excepcional. Fernanda Godoy, amiga querida, obrigada pelo acompanhamento sempre carinhoso e tão especial. Fernanda Delmas, você não imagina como aquela conversa em setembro de 2022 me ajudou a pensar o que os brasileiros gostariam de saber sobre a Argentina — foi essencial e esclarecedora, diria que quase um ponto de partida. Alan Gripp, obrigada por me permitir encarar este projeto tão importante para mim em um ano tão crucial para a Argentina. Leticia Sander, obrigada pelo apoio de sempre. Obrigada, Marcia Carmo, amiga incondicional, que me obrigou a me sentar em um café de Buenos Aires e não sair de lá até ter o esqueleto do livro pronto — eu precisava desse empurrão, que você soube dar com sua delicadeza habitual. Obrigada a minhas amigas argentinas Agustina Correa, Maria Copello, Luciana Cabanillas, Vanessa Kroop, Ayelen Colombatto e Cecília Martin: vocês, sem perceber, foram uma inspiração — com nossas conversas, nossa história em comum e tantos momentos compartilhados, eu já estava escrevendo este livro na minha cabeça e não sabia.

Tive outras ajudas preciosas e tenho certeza de que essas pessoas sabem a minha gratidão. Mauro Palermo, obrigada pela confiança, pela perseverança e pela oportunidade de escrever este primeiro livro. Amanda Orlando, minha editora querida, sem você eu não teria conseguido. A vida sempre nos surpreende com pessoas especiais, que aparecem de repente e tornam a vida mais fácil. Você foi isso para mim, então obrigada pela paciência, pois eu precisava dela.

Ter uma história de mais de trinta anos de convivência com a Argentina não era suficiente para escrever um livro sobre o país. Foi necessário fazer várias entrevistas com especialistas e personagens reais. A maratona começou em um café do bairro Palermo com o jornalista Jorge Castro, meu primeiro chefe em uma redação de jornal, na década de 1990, em Buenos Aires. Amigo querido, dedicou tempo a me explicar por que a Argentina passou de um dos países mais ricos do mundo a exemplo de nação em crise permanente. Já a escritora Claudia Piñeiro me ajudou a elucidar a política argentina atual, o fenômeno da extrema-direita no país e tantas outras coisas. O historiador Felipe Pigna foi essencial para resumir em poucas páginas mais de cem anos de história argentina. O ex-chanceler e ex-governador da província de Buenos Aires, Felipe Solá, me deu uma aula sobre peronismo, um verdadeiro privilégio para quem quer entender e tentar explicar ao público brasileiro como nasceu, cresceu e funciona um movimento político central na Argentina. A advogada Julieta Fernández, sem saber, me deu o primeiro parágrafo sobre o capítulo dedicado ao peronismo e seus adversários — sua história de infância e os relatos sobre como sua avó viveu as décadas de 1940 e 1950 foram maravilhosos. O economista e empresário Gustavo Lazzari foi o escolhido para falar sobre os perrengues da economia argentina. Foram mais de duas horas de conversa em um café do bairro Belgrano sobre dólar, inflação e a história de sua mãe, já falecida, considerada um ícone da classe média argentina que vive em busca de preços mais baixos. Outro economista, Amilcar

Collante, me ajudou a entender o caótico mercado camarário argentino. Já para entender a relação dos argentinos com a terapia era preciso um olhar muito especial, que encontrei na psicanalista Adriana Guraieb — ela não apenas me dedicou duas horas de um dia de trabalho, como preparou um dossiê sobre o assunto. Também agradeço a ajuda do meu próprio terapeuta argentino (eu não tinha como escapar dessa mania nacional), Fernando Manuel Guerrero, a esta altura da vida, um grande amigo.

Para contar a história do cinema argentino, tive o enorme privilégio de conversar com o produtor — e vencedor do Oscar de 2010 — Axel Kuschevatzky, uma referência global quando se fala do cinema dos *hermanos*. O futebol também não poderia faltar em um livro sobre a Argentina, e sobre esse assunto tive a oportunidade de falar com o jornalista Sebastián Fest, coautor de *Messiánico*, uma biografia não autorizada do craque Lionel Messi. Foi uma conversa ótima, que me levou, por indicação de Sebastián, ao jornalista esportivo Miguel Simón, do canal a cabo ESPN, porque assim funciona o jornalismo: uma fonte leva a outra. Muito obrigada a ambos e a Mariano Bergés, fundador da ONG Salvemos o Futebol, que me relatou como funciona a relação entre futebol e política na Argentina.

Para contar como é morar no país, não era suficiente a minha própria experiência. Recorri ao conhecimento do especialista em comunicação política Mario Riorda, que coordena pesquisas sobre qualidade de vida na Argentina, nas quais encontrei dados muito interessantes.

Já para falar sobre a migração de argentinos, não bastava mostrar dados — eu queria histórias humanas —, e contei com a colaboração de Inés Barcia, Eduardo Pulver e Mariangel Liebstein. Os dois últimos depoimentos foram possíveis graças à generosa ajuda do jornalista argentino Horacio Alonso, que já escreveu várias reportagens sobre o assunto.

Finalmente, um agradecimento especial ao embaixador Marcos Azambuja, que me deu a alegria de assinar o prefácio. Em um de nossos tantos encontros, comecei a pensar no primeiro capítulo, e tê-lo comigo neste livro é uma verdadeira honra. Agradeço, também, a ajuda, os comentários e as sugestões sempre muito bem-vindas do embaixador Gelson Fonseca, outro querido amigo.

Este livro, composto na fonte Fairfield,
foi impresso em papel Lux Cream 60g na Corprint.
São Paulo, Agosto de 2023.